Jeanne Ruland

Die Entfaltung der Blume des Lebens

Praktische Anwendung und neue Zugänge

Schirner Verlag

ISBN 978-3-8434-5010-2

Jeanne Ruland:
Die Entfaltung der Blume des Lebens
Praktische Anwendung und neue Zugänge

Umschlag: Murat Karaçay, Schirner
Abbildungen: www.fotolia.de und Markus Schirner
Redaktion: Tamara Kuhn, Schirner
Satz: Murat Karaçay, Schirner
Printed by: OURDASdruckt!, Celle, Germany

www.schirner.com

6. Auflage 2012

Inhalt

Die Blume des Lebens – Flower of Life

Blume des Lebens – erblühe,
erfülle diesen Raum mit Licht, Klarheit und Heilung.
Ihr Engel, kommt, schützt und begleitet all meine Handlungen,
auf dass sie für alle Wesen und in jeder Dimension,
mit der ich erkennbar oder im Verborgenen verbunden bin,
zum Segen werden.

Alles ist von dem Einen durchdrungen
und entfaltet sich aus Ihm.
Die Blume des Lebens erblüht in meinem Leben
und sendet ihren heilenden Segen in alles,
womit ich verbunden bin.

Vorwort

Mit diesem Büchlein möchte ich Ihnen, liebe Leserinnen und Leser, neue Impulse geben, mit deren Hilfe Sie Ihr Leben neu ordnen und gestalten können. Sie erfahren, wie Sie die Blume des Lebens entfalten und so vom Opfer zum Schöpfer werden können. Möge sich ewige Lebenskraft in Ihrem Zentrum verbreiten und Raum und Zeit zum Segen von allem überstrahlen – so, wie das Bewusstsein vieler Meisterinnen und Meister aus der Ewigkeit in die endliche Form erstrahlt und unseren Weg erhellt. Die Blume des Lebens führt uns nach Hause.

Die Blume des Lebens ist das lebendige Schöpfungsmuster, das Gewebe, die Matrix allen Seins. Sie ist die morphogenetische Struktur der Realität, die universelle Sprache all derer, die auf den Grund der Schöpfung blicken und die vollkommene Ordnung in allen Dingen entdecken möchten.

Wir können die Blume des Lebens auf vielerlei Weise verwenden. In diesem Büchlein möchte ich sie Schritt für Schritt mit Ihnen aufbauen. Folgen Sie mir einfach durch die Kapitel. Das, was Sie, liebe Leserinnen und Leser, auf den nächsten Seiten lesen werden, sind viele praktische Erfahrungen aus meiner Arbeit mit der Heiligen Geometrie. Sie können sie selbst nachvollziehen und anwenden.

Die Heilige Geometrie wird seit Tausenden von Jahren gelehrt. Sie ist mehr als nur Mathematik, denn sie ist die Lehre von einer lebendigen Kraft, die in allem uneingeschränkt wirkt. Es gibt nur eine Kraft, eine Quelle, einen Gott, einen Geist, und alles, was geschaffen wurde, ist ein Teil dieser Einheit. Die Heilige Geometrie ermöglicht uns einen anderen Zugang zur Quelle, zu Gott, zur Einheit und zum Einssein mit allem. Sie eröffnet uns eine weitere Perspektive darüber, wer wir sind, woher wir kommen und was in uns wirkt. Die Heilige Geometrie kommt jetzt wieder verstärkt in unser Bewusstsein und erinnert uns daran, dass wir bereits eine vollkommene Schöpfung sind. Nicht Gott muss zu uns kommen, denn wir sind es, die sich der Einheit wieder zuwenden müssen. Durch die Arbeit mit der Heiligen Geometrie können Dinge in ihre ursprüngliche Harmonie zurückgebracht werden, und wir können so Kraft, Heilung, Gesundheit und Frieden auf allen Ebenen des Seins erlangen.

Die Arbeit mit der Blume des Lebens vermittelt uns Einheit, Verbindung zwischen den Polen, Herz und Verstand, männlich und weiblich, der rechten und der linken Gehirnhälfte. Sie beschleunigt unser spirituelles Wachstum und öffnet den Weg für den Frieden, der ja erst einmal in uns selbst beginnt. Die göttliche Lebensenergie kann in unser Sein einströmen, und der Prozess der Verjüngung, Heilung, Erneuerung und Weihung unseres physischen, emotionalen und spirituellen

Körpers kann beginnen. Alles, was wir mit unserem Sein berühren, erkennbar oder im Verborgenen, wird ebenfalls von diesem harmonischen Schwingungsmuster berührt und kann sich an seine eigene Essenz und Vollkommenheit erinnern.

Die Blume des Lebens – eine Einführung

Das Symbol der Blume des Lebens, das Symbol der lebendigen Schöpferkraft, aus der alles entsteht, finden wir in vielen Kulturen der Welt. Alle platonischen Körper entstehen aus der Blume des Lebens, das heißt, alle Grundbausteine des Lebens sind in ihr enthalten. Wir können durch die Blume des Lebens in die universelle Einheit, Freiheit und Brüderlichkeit eintreten. Sie ist jedoch noch lange nicht vollständig erforscht, denn aufgrund ihres unbegrenzten Schöpferpotenzials entdeckt man in der Arbeit mit ihr immer wieder neue Dimensionen und Möglichkeiten.

Die Blume des Lebens wurde an verschiedenen Orten dieser Welt gefunden:

- in Ägypten, im mittleren Tempel von Abydos und auf dem Berg Sinai
- in Israel (Masada)
- in vielen Tempeln Chinas und Japans
- in der verborgenen Stadt in Tibet
- in Indien, Spanien, Griechenland, Deutschland ...
- in Einweihungshallen anderer Dimensionen, z. B. in den Hallen von Amenti – dort leuchtet sie als ewiges Schöpfungsfeuer und Muster

Es nützt uns nichts, die Blume des Lebens in den Tempeln der Welt zu entdecken, wenn wir sie nicht auch in uns zu erschließen beginnen.

Kreise und Kreisläufe finden wir überall und in allen Kulturen, zu allen Zeiten und in jeder Dimension. Es gibt natürliche Kreise, z. B. in Form von Blüten, Blättern, Quellen, die aus der Erde entspringen, Pilze, die kreisförmig wachsen, aber auch Kreise, die von Menschen erschaffen wurden, wie kreisförmig aufgebaute Tempelanlagen, Steinkreise, Räume wie die Kivas der Hopi-Indianer oder Medizinräder. Kreisläufe sind wiederkehrende Zyklen und Rhythmen im Großen und im Kleinen. Wir durchlaufen täglich einen Kreislauf, indem wir den Morgen, den Mittag, den Abend und die Nacht erleben, jede Woche, jeden Monat, jedes Jahr ... bis hin zu den großen Weltenzyklen. Die Natur ist rhythmisch und zyklisch. Der Mond durchläuft Zyklen, und auch wir Menschen haben unsere eigenen Zyklen und Rhythmen. Wir durchlaufen das Rad des Lebens: Geburt, Kindheit, Jugend, Erwachsensein, Alter, Tod, Wiedergeburt. Wenn sich für uns ein Kreis geschlossen hat, treten wir in einen anderen ein.

Schließen Sie für einen Augenblick die Augen, und lassen Sie einen Kreis vor sich entstehen. Wo finden Sie in Ihrem Leben überall Kreise? Von welchen Kreisen sind Sie umgeben?

Das Muster der Blume des Lebens ist einem Baum nachempfunden:

Der Same fällt auf die Erde,
und durch eine Kraft, die in ihm ist,
wächst ein Baum aus seinem Zentrum.
Der Baum blüht, er bildet Früchte aus,
und die Früchte fallen zu Boden.
Sie enthalten in sich wiederum Tausende von Samen,
und diese Samen enthalten wiederum das Bildnis
des Baumes, von dem sie abstammen.
Das ist der Schöpfungsprozess
der sich wieder und wieder erneuernden Lebenskraft,
die aus sich heraus schöpft
und allem Existierenden innewohnt.
Gewebe des Seins – Muster der Schöpfung,
lasse zu, dass es sich entfaltet und entwickelt.

Das Eine offenbart sich auf vielfältige Weise in allen Dingen.

Die Blume des Lebens ist die Grundlage aller Existenz, das Schöpfungsmuster, in dem alles enthalten ist. Sie ist ein geometrisches Muster, aber auch eine mehrdimensionale Form. Auf diesem Muster ist alles im Universum aufgebaut, und somit kann alles darauf zurückgeführt werden. In der Blume des Lebens ist der Same des Lebens enthalten, der für die

Fülle des Seins steht, ebenso Metatrons Würfel, der alle platonischen Körper enthält, und andere Schöpfungsformen, die die ganze Schöpfung durchdringen. Auf diesen Grundkörpern basiert unsere gesamte physische Existenz.

Die Blume des Lebens besteht aus 19 Kreisen oder Blumenrädern.

- Meist befinden sich um diese Kreise zwei oder drei große Kreise. In Tempelanlagen findet man sie mit zwei äußeren Kreisen.
- Zwei Kreise stehen für den Freiraum der Schöpfung. Wachstum und Veränderung sind möglich. Auf diese Weise kann sich die Schöpfung selbst erfahren.
- Drei Kreise stehen für die Dreifaltigkeit oder Körper, Geist und Seele.
- Weiter besteht die Blume des Lebens aus zwölf Halbkreisen, sechs Drittelkreisen und 18 Sechstelkreisen.
- Wenn wir alle Kreise zusammenzählen und auch die äußeren zwei bzw. drei Kreise hinzunehmen, erhalten wir 32 oder 33 Kreiseinheiten.

Die zwei Kreise um die Blume des Lebens haben ihre eigene Bedeutung. Sie bilden einen exakt bemessenen Freiraum, innerhalb dessen Schöpfung stattfindet. Sie stehen für den Abstand zwischen der inneren und der äußeren Schutzmembran der menschlichen Eizelle, der inneren und äußeren *Zona pellucida*. Drei Kreise stehen für Körper, Geist und Seele.

Alles in der Natur verläuft in Kreisen und hat einen eigenen Kreis. In dreidimensionaler Form ergibt der Kreis eine Kugel. Heilung bedeutet, dass sich alle Lebenskugeln in einem harmonischen, rhythmischen, vollkommenen Zustand befinden. Jede Kugel wird aus ihrem Zentrum, aus der Einheit versorgt. Jeder Mensch hat seine Kreise. Er ist selbst ein Kreis, in einer Partnerschaft treffen zwei Kreise aufeinander, daraus erwächst ein dritter Kreis und ein vierter usw.

Wie kann man die Blume des Lebens anwenden?

Die Blume des Lebens kann man anwenden, um mit ihr zu meditieren, viele neue Erkenntnisse zu gewinnen, zum Heilen oder um heil zu werden. Man kann mit ihr überall dort einen Impuls setzen, wo die göttliche Ordnung scheinbar aus dem Gleichgewicht geraten ist. Man kann mit ihr einen Lichtimpuls in Richtung Heilung, Bewusstsein und Erkenntnis geben und damit die vollkommene Ordnung wiederherstellen.

Das Erste, was wir tun können, ist, die Blume des Lebens zum Aufbau der größtmöglichen Harmonie in unserem Leben zu verwenden, an der sich viele andere Schwingungsräume und Muster orientieren und ausrichten können. Wir werden uns nun Kreis für Kreis der Blume des Lebens nähern.

Die Kreise der Schöpfung im Leben im Einzelnen

Nehmen Sie sich ein Blatt und einen Zirkel, und zeichnen Sie die Kreise nacheinander, damit Sie ein Gefühl für die Blume des Lebens gewinnen.

Hier die Schritte im Einzelnen:

1. **Kreis:** Sonnensymbol – Zentrum des Seins – ICH BIN
2. **Kreis:** Vesica Pisces – Oval – Öffnung, Polarität – Beziehung zur Welt – ICH BIN ein anderes DU SELBST
3. **Kreis:** Triskel – Dreieck – Zeichen Gottes – Beziehung zu Gott – SEIN
4. **Kreis:** Erdsymbol – Quadrat – Zeichen der Materie – Beziehung zur Erde – ICH BIN Schöpfung.
5. **Kreis:** Trapez – Öffnung in die innere Welt – Wenn ich Schöpfer meines Lebens bin, warum habe ich mir dies oder jenes erschaffen?
6. **Kreis:** Energiewelle – zwei Wellenzeichen – Energiefluss, Bewegung – ICH BIN Gottes Licht in Tätigkeit
7. **Kreis:** Blume – die erste Blume des Lebens ist aufgebaut – Ei des Lebens, Saat des Lebens – Torusfeld – Genesis-Muster – ICH BIN das ICH BIN. Ich öffne mich der Liebe allen Seins.

Die ersten sieben Kreise werden auch »Same des Lebens« genannt und symbolisieren die sieben Tage der Schöpfung. Jeder Kreis steht für einen Schöpfungstag. Ebenso stehen sie für die sieben Richtungen (Osten, Süden, Westen, Norden, Unten, Mitte, Oben), die sieben Tage einer Woche, die sieben Chakren und Energietore in unserem Energiekörper, das Siebengestirn (Plejaden), die sieben geistigen Prinzipien u. v. a.

Diese ersten sieben Kreise bilden die Grundlage für unser persönliches Schöpfungsmuster. Am siebten Tag ist der Same des Lebens vollständig geschaffen und beginnt nun aus sich heraus eine eigene Energiebewegung. Dies ist die Vorstufe der Blume des Lebens und das Zentrum allen Seins. Wenn wir in unserem Leben die ersten sieben Kreise aufgebaut haben, können sich Kraft, Gesundheit, Harmonie und Vollkommenheit entfalten. In unserem Leben beginnt eine Eigendrehung, die uns alle Energie zuführt, die wir brauchen. Bauen wir nun Schritt für Schritt die ersten sieben Kreise auf.

Respektiere die Kreise, in denen du dich bewegst.

Nehmen Sie sich zuerst einen Zettel und einen Stift oder Ihr Tagebuch, und beantworten Sie folgende Fragen:

- Wo finden Sie überall Kreise?
- In welchen Kreisen bewegen Sie sich?

- Welche Kreise haben Sie vollendet?
- Welche Kreise sind noch offen?
- In welchem Stadium des Kreises befinden Sie sich?

Erfolg stellt sich erst ein, wenn eine Sache zu Ende gebracht ist. Wenn wir z. B. an einem Projekt arbeiten, dann kann es erst »in die Welt gehen«, wenn wir es abgeschlossen haben, wenn es für uns »rund« ist, wie man umgangssprachlich so schön sagt. Dann kann es weitere Kreise ziehen. Wenn wir Dinge nicht vollenden, verweigern wir uns den Erfolg.

Der erste Kreis – Sonnensymbol – vom Opfer zum Schöpfer

Den ersten Kreis, den wir einnehmen sollten, ist unser Platz im Leben.

Kehret zurück, ihr Brüder und Schwestern des Lichtes,
auf den Platz, der euch gebührt –
vom Leben selbst gegeben
und mit dem ersten Atemzug gesegnet.
Ihr seid jetzt bereit –
indem ihr euch erhebt in eure wahre Kraft,
als spirituelle Wesen –,
eine neue Erde zu erschaffen,
indem ihr altes und neues Wissen miteinander vereint
und von eurem Platz aus in die Welt sendet.
(El Morya)

Die Arbeit mit der Blume des Lebens lässt uns den Schritt vom Opfer zum Schöpfer gehen. Viele Menschen fühlen sich nicht willkommen, fremd oder nicht gesegnet. Sie kämpfen die meiste Zeit ihres Lebens mit all diesen Lücken und Flecken und haben nicht wirklich die Lebensenergie zur Verfügung, die sie brauchen, um ihrer Bestimmung zu folgen. Sie empfinden sich immer wieder als Opfer der Umstände und versuchen, andere dafür verantwortlich zu machen, dass es in ihrem Leben »nicht so läuft«. Sie vergleichen sich mit anderen und hadern mit ihrem Schicksal, sie sehen sich nicht im Zentrum ihres Lebens, sondern schaffen die Zentren ihres Lebens außerhalb ihrer selbst. Die Wahrheit ist aber: »Alle Kraft kommt von innen.« Im Zentrum aller Dinge gibt es einen unsichtbaren, unermesslichen Punkt – kraftvoll, ewig, pulsierend.

Nehmen Sie sich einen Augenblick Zeit, schließen Sie die Augen, und fühlen Sie diesen Punkt, das Zentrum der Kraft in sich, der Sie atmen, fühlen, sehen und wachsen lässt.

Wenn menschliches Leben entsteht, beginnt das Herz als erstes Organ, aus sich heraus zu schlagen. Alle anderen Organe, das gesamte menschliche Leben, bildet sich nach und nach aufgrund des Schöpfungsmusters aus dem Puls und dem Klang der Schöpfung. So entsteht der Mensch.

Im Inneren eines jeden Menschen wohnt Gott.

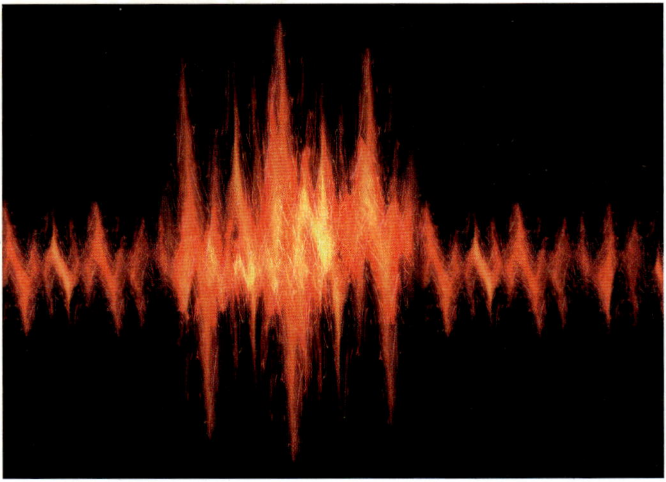

Es gibt in uns eine Kraft, die in jedem lebendigen Herzen wohnt und das Mandala unseres Lebens aufbaut. Jedes lebendige Muster der Schöpfung hat ein Zentrum, aus dem heraus es sich bewegt. Die Sonne hat ein Zentrum, jeder Planet hat ein Zentrum, jede Pflanze entfaltet sich aus ihrem Zentrum, jedes Tier entwickelt sich aus seinem Zentrum. Jedes Atom hat ein Zentrum aus Licht, um das lebendige Teile tanzen und schwingen. Das Zentrum in allem ist Gott, die eine Kraft, die alles erschafft.

Wollen wir Schöpfer unseres Lebens werden, so gelingt dies, wenn wir in unser Zentrum, in das »ICH BIN« zurückkehren, das Zeitlose ewige Fenster, aus dem das Licht des Einen unaufhörlich in uns einströmt, um sich zu entfalten. Wenn wir zur Seite gehen und dem unaufhörlichen Lebensstrom Platz machen zum Wirken, kann sich unser Leben auf beste Weise neu ordnen.

Der erste Kreis in der Mitte der Blume des Lebens

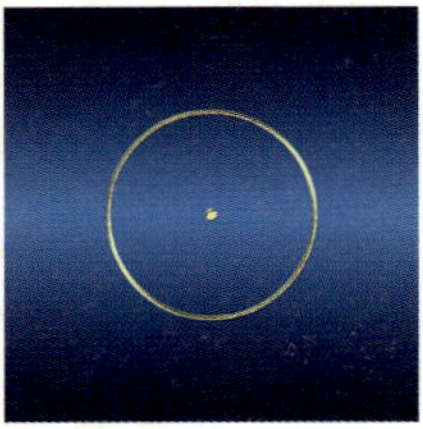

Nehmen Sie sich ein Blatt Papier und einen Zirkel. Wählen Sie einen Durchmesser, den Sie für alle Kreise in der Blume des Lebens verwenden. Zeichnen Sie nun einen Kreis. Sie erhalten das Symbol für die Sonne.

Das Symbol für die Sonne

Die Sonne ist ein zentrales Gestirn am Himmel.
Sie gibt Licht, Leben, Wärme, Kraft.
Sie ist für alle da,
auch wenn wir uns durch die Nacht bewegen
oder der Himmel wolkenverhangen ist.
Sie macht keine Unterschiede
zwischen Nationen, Völkern, Religionen.
Sie ist universell.
Sie lehrt uns, eine übergeordnete Sicht einzunehmen
und zu der Energiequelle zurückzukehren,
die alles versorgt und durchdringt.
Sei der, der du bist.

Übergeben wir die Führung an die Kraft, die die Planeten am Himmel hält und dafür sorgt, dass sie in göttlicher Ordnung, in Zyklen und Rhythmen pulsieren, so werden auch wir von dieser Kraft getragen.

Die Sonne steht für Licht und Lebenskraft, ohne sie wäre auf unserem Planeten kein Leben möglich. Licht strahlt in jeder Zelle jedes Lebewesens. Dieses Licht ist die höchste spirituelle Energie. Wenn wir uns mit der Lichtkraft – der Sonne in uns – verbinden, gewinnen wir an Vertrauen und Stärke. Sie ist die Kraft unserer Mitte, wir begegnen unserer Unzerstörbarkeit im Zentrum des Seins. In jedem lebendigen Sein gibt es ein Zentrum, aus dem die Lebenskraft pulsiert, die diese Schöpfung erschaffen hat, sie erhält und sie wieder zurücknimmt, wenn ihre Zeit um ist.

Nehmen Sie sich einen Moment Zeit, und fühlen Sie das Zentrum der Lebenskraft in sich. Wo sitzt es? Wie stark sind Sie mit ihm verbunden? Wie viel Raum geben Sie ihm in Ihrem Leben?

Goldenes Licht – Essenz des Lebens

… die höchste Schwingung des Lichtes, die reinste Form des Bewusstseins, Transzendenz, das aus sich heraus leuchtende Licht, Einssein, Glück, Göttlichkeit, Erwachen, Vollendung, Aufladung des Energiekörpers durch die Atmung

Hier zwei kleine Übungen, mit denen Sie die innere Sonne und die Intuition verstärken können:

Der Geist – Höheres Selbst

Fühlen Sie den Sitz des Geistes in sich. Spüren Sie den Punkt im Zentrum Ihres Kopfes. Wenn Sie geistig eine Linie vom linken zum rechten Ohr ziehen und eine von dem Punkt in der Mitte der Stirn (Sitz des Dritten Auges) zum Hinterkopf, so befindet sich in der Mitte, dort, wo sich die Linien kreuzen, das Zentrum des Höheren Geistes. Atmen Sie ein, und lassen Sie diesen Punkt stärker werden und erstrahlen. Sehen Sie, wie er pulsiert, sich weitet und ausbreitet.

Das Herz – persönliche Kraft

Fühlen Sie das Herz und das geistige Zentrum im Herzen. Im Herzen gibt es eine fünfte Kammer, sie ist der Sitz des Göttlichen in uns. Die Liebe zu allem Leben lässt diesen Punkt erblühen und sich in die Unendlichkeit ausdehnen. Atmen Sie in diesen Punkt. Spüren Sie die Wärme, die entsteht, und wie sie sich mehr und mehr ausbreitet. An diesem Ort in Ihrem Herzen können Sie mit der geistigen Welt und mit der Seele jeden Wesens in Kontakt treten und Führung und Fügungen erfahren. Es ist der heilige Raum, das stille Kämmerlein, der Sitz der Ewigkeit.

Der Nabel – Intuition und Unterbewusstsein

Der Nabel ist unsere Mitte, das Zentrum, über das unser Körper am Anfang unseres Lebens genährt wird, das Zentrum, von dem aus sich jede Empfindung im Körper ausbreitet. Er stellt den Ort der Verbindung unseres Wesenskerns mit dem Körper und allen anderen Körpern und Auren dar. Er ist das spirituelle Zentrum unseres Lebens, in dem die Kraft der Sonne aller Sonnen strahlt. Konzentrierte innere Kraft, die Entstehung allen Lebens, die Entstehung von Bewegung und Form, die Kraft der Mitte – alles im Zentrum ist überall wirksam. Acht Zentimeter unterhalb des Nabels sitzt der Ort der Schöpfung. Wenn Sie auf der Höhe des Nabels ein- und ausatmen, stärken Sie damit die Intuition und das instinktive Wissen in sich.

Aufladung mit dem Goldenen Licht

Ein Strahl aus Goldenem Licht strömt aus der ewigen Quelle,

aus dem ewigen Licht – leuchtend und klar in Ihren Geist, in Ihr Herz und in den Nabel und lässt dort eine Sonne aus goldenem Licht entstehen. Die goldene Lichtsonne strahlt in Ihrem Körper und aus Ihrem Körper hinaus. Strahlen tragen das Licht unendlich weit. Stellen Sie sich selbst als Sonne vor, die so weit strahlt, wie sie möchte. Auf diese Weise verstärken Sie das Vertrauen in das Leben, in Ihre intuitive Kraft und in die göttliche Führung in Ihnen. Wiederholen Sie diese Übung mehrmals am Tag.

Du trägst das Licht der Welt direkt in dir.
Lasse es strahlen, funkeln, leuchten
erlaube ihm, sich durch dein Sein zu entfalten –
zum Segen von allem und für alles.
Was immer auch geschieht,
du kannst jederzeit in die Stille gehen
und mit dem ewigen Sein
in deinem Zentrum in Kontakt treten.

(Kutumi)

Es ist nun Zeit, dass sie die volle Verantwortung für Ihr Leben übernehmen. In dem Moment, in dem Sie diese Verantwortung empfinden, sind Sie in der Lage, Ihr Leben schöpferisch zu gestalten.

Hier nun eine Übung, mit der Sie die Rolle des Opfers verlassen und in die Schöpferkraft eintreten. Nehmen Sie Ihren Platz im Leben an, und schwingen Sie sich auf Ihre Mitte ein, damit die Blume des Lebens sich in Ihrem Leben entfalten kann.

Ihr Platz im Kreis der jetzt lebenden Menschen

Kleine Vorübung

Legen Sie sich einen Kreis auf den Boden, den ersten Kreis der Blume des Lebens. Dieser Kreis symbolisiert Ihren Platz im Leben. Verbinden Sie sich mit Ihrem Platz, und betrachten Sie ihn.

Stehen Sie auf Ihrem Platz?
Haben Sie ihn schon ganz und gar eingenommen?
Haben Sie schon aus voller Seele »JA« zu Ihrem Leben gesagt?

Kleine innere Meditationsreise
Schließen Sie Ihre Augen, und stellen Sie sich Ihren Platz vor.

- In welcher Landschaft befindet er sich?
- Wie sieht er aus?
- Wie sind die Luft, das Wasser, das Feuer, die Erde und der Äther dort?
- Was gibt es zu tun, damit er kraftvoll und leuchtend in die Welt strahlen kann?

Sie können Ihren Platz jetzt verändern und heilen, sodass er vollständig, frei und kraftvoll wird. Wenn er so ist, wie Sie ihn sich vorstellen, dann betreten Sie ihn in Ihrer vollen Größe und Kraft.

Praktische Übung

Es ist möglich, diese Übung zu zweit oder in einer Gruppe zu machen.

Legen Sie sich einen Kreis, oder nehmen Sie sich einen runden Teppich. Dieser Kreis symbolisiert Ihren Platz. Stellen Sie sich vor Ihren Platz, die andere Person nimmt Ihre Hand und spricht zu Ihnen:

»Es gab Menschen, die vor uns gelebt haben, es gibt Menschen, die jetzt mit uns leben, und es wird Menschen geben, die nach uns leben werden. Weil du mit deinem ersten Atemzug das Leben gewählt hast und das Leben ›Ja‹ zu dir gesagt hat, hast du einen Platz im Kreise der nun lebenden Menschen. Bist du bereit, diesen Platz jetzt voll und ganz in deiner ganzen Größe einzunehmen?«

Warten Sie einen Moment, bis ein »Ja« kommt. Kommt kein »Ja«, so reicht es fürs Erste, zu wissen, dass es diesen Platz gibt und dass er darauf wartet, voll und ganz wieder eingenommen zu werden. Den Zeitpunkt bestimmt die Person selbst. Respektieren und achten Sie ihre Entscheidung.

Erfolgt ein »Ja«, dann spricht die Person:

»Dann gehe jetzt auf deinen Platz, ganz in deine Mitte. Gib Zeit und Raum, den Platz, den dir das Leben schenkt, voll und ganz anzunehmen und zu spüren, auch den Freiraum und die Entfaltungsmöglichkeiten, die man auf diesem Platz hat.«

Bitte lassen Sie viel Zeit, denn es werden viele subtile Prozesse in Gang gesetzt.

Nach genügend Zeit kann man noch schauen, welcher Satz sich im Herzen bildet, wie z. B. »Ich bin wieder da«, »Ich bin da«, »Ich bin bereit« oder »Ich nehme meinen Platz jetzt wieder voll und ganz ein ...«

Wenn wir auf unserem Platz stehen, können wir die Kraft wieder annehmen. Stellen Sie sich hinter die Person, die auf ihrem Platz steht. Berühren Sie jeweils die Seiten, und sprechen Sie jeweils dreimal:

Rücken, linke Seite: »Die Göttliche Mutter spricht immer: ›Ich liebe dich.‹«

Rücken, rechte Seite: »Der göttliche Vater spricht immer: ›Ich segne dich und bin stolz auf dich.‹«
Mitte: »Das große Geheimnis spricht: ›Gehe deinen Weg.‹«

Kahli Gibran sagt so weise und schön in seinem Gedicht »Über die Kinder« (frei wiedergegeben):

Eure Kinder sind nicht eure Kinder.
Sie sind die Söhne und Töchter
der Sehnsucht des Lebens nach sich SELBST.
Sie kommen durch euch, aber nicht von euch.
Wenn sie bei euch sind, so gehören sie euch nicht.
Ihr dürft ihrem Körper eine Wohnstatt geben,
jedoch nicht ihren Seelen.
Denn ihre Seelen wohnen in dem Haus von morgen,
das ihr nicht besuchen könnt,
noch nicht einmal in euren Träumen.

Wir sind alle Söhne und Töchter des Lebens nach uns SELBST. Dieses kann sich entfalten, wenn wir den Platz annehmen, den uns das Leben schenkt, weil wir hier sind.

Anmerkung: Unser Platz ist der erste Kreis im Zentrum der Blume des Lebens. Jeder von uns hat einen Platz im Kreise der jetzt lebenden Menschen. Viele von uns stehen aber nicht auf ihrem Platz, sondern auf unerfüllten und unbesetzten Plätzen ihrer Familienmitglieder, auf Plätzen der Verstorbenen oder Ahnen und führen einen Lebenskampf, der nicht wirklich der ihre ist. Dabei geht viel Lebensenergie verloren, und sie haben das Gefühl, nicht gesehen, gehört oder verstanden zu werden, und können ihren Lebensplan nicht entfalten.

Wenn sie bereit sind, können sie ihren Platz, den ihnen das Leben schenkt, wieder betreten und voll und ganz annehmen. Wenn sie bereit sind, diesen Platz im Kreise der jetzt lebenden Menschen einzunehmen, werden sie sichtbar. Es gibt nichts zu tun, außer ganz man selbst zu sein, so, wie man ist, und einfach sein Licht leuchten zu lassen. Auf all die Lücken und unerfüllten Plätze, die man meinte füllen zu müssen und die jetzt in der Vergangenheit liegen, kann man die Engel bitten, oder man kann dort im Geiste eine Blume des Lebens hinlegen, damit die Plätze heilen können.

Testen Sie einmal, wie es ist, auf seinem Platz zu stehen, und wie es ist, daneben zu stehen ...

Sind Sie noch nicht bereit, diesen Platz anzunehmen, so wissen Sie aber jetzt, dass Sie einen haben und um diesen niemals zu kämpfen brauchen, Sie haben ihn ganz einfach, weil Sie leben. Die Entscheidung, ihn anzunehmen, liegt bei Ihnen. Hören Sie auf Ihr Herz, und lassen Sie sich alle Zeit der Welt, die Sie für sich auf Ihrem Weg brauchen. (Durchgegeben von Maria Magdalena)

Sie können sich jeden Tag nach dem Aufstehen bewusst auf den Platz stellen, den das Leben Ihnen geschenkt hat, den goldenen Kreis – Ihren Platz in Kreise der jetzt lebenden Menschen. Sie werden merken, dass Sie immer mehr in die Verbindung mit der ICH BIN-Gegenwart treten. Diese Übung kann verstärkt werden, wenn wir einen Stab dazunehmen. Der Stab steht für die Wirbelsäule, die Lichtsäule, die eigene Verbindung mit Himmel und Erde, mit oben und unten, mit unserem Anschluss an die Lebensenergie.

Affirmation: »Ich bin im Zentrum meines Seins, eins mit allem, hellwach und klar – alles Gute strömt JETZT zu mir. Es geschieht durch mich.«

Der zweite Kreis – Beginn der Schöpfung

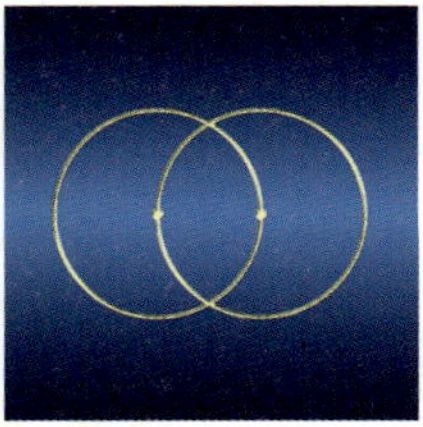

Gott schuf Himmel und Erde und nicht Himmel und Hölle.
Am Anfang war die Erde leer und formlos.
Leere ist der Beginn der Schöpfung –
die Leere und das Nichts befinden sich immer
in einem Zustand der Vollkommenheit und Ordnung.
Das Nichts ist der Beginn von allem.
Durch die Teilung beginnt die Schöpfung zu entstehen.
Bewegung in der Ruhe erschafft Leben.

Wir tauchen mit dem zweiten Kreis der Blume des Lebens ein in die polaren Strukturen, in »die Teilung des Einen«, aus dem alles erschaffen ist. Die Einheit teilt sich, und Schöpfung entsteht. Die Überschneidung zweier Kreise wird »Vesica Pisces« genannt (Fischgefäß), oder die »Blase des Fisches«. Die Vesica Pisces symbolisiert die Geburtsstunde der Schöpfung. Wenn zwei Kreise sich überschneiden, entsteht in der Schnittmenge etwas Drittes. Es ist ein eigenes Wesen, eine eigene Kraft, die sich mit der Zeit entfaltet. Mann und Frau, links und rechts, oben und unten ... Der Mittelpunkt des zweiten Kreises liegt auf der Kreislinie des ersten Kreises. Dies ist das pythagoreische »Maß des Fisches«, ein mystisches Symbol, das für die Überschneidung der Welten steht und den Beginn der Schöpfung symbolisiert. Wir finden es unendliche Male in der Blume des Lebens, wenn wir sie betrachten. Es steht beispielsweise ...

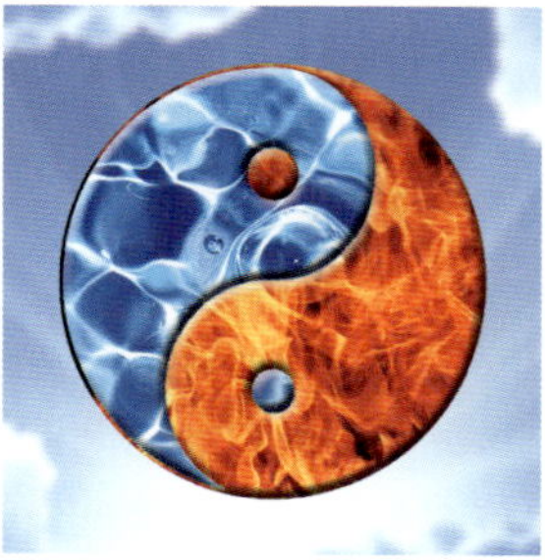

... für die Vereinigung zwischen männlich und weiblich in gleichwertigem, ausgewogenem Maß.
... für den Heiligen Raum, aus dem alles entspringt.
... für das allsehende Auge Gottes – oder das Auge des Horus.
... dafür, dass sich Himmel und Erde in Liebe vereinigen.
... für das Christusbewusstsein.
... für das Erwachen in der Einheit hinter der Polarität.
... für das griechische Christussymbol ICHTHYS.
... für die Vagina der Göttin, die das Leben empfängt.
... für den zweiten Kreis in der Blume des Lebens.
... für die Verbindung der göttlichen Welt mit der materiellen Welt und damit den Beginn der Schöpfung.
... für Harmonie, Frieden, Gleichheit und die Einheit in den polaren Strukturen.

... für die Engelhierarchie der Cherubim, die auf der Bundeslade dieses Symbol halten und vom hebräischen »Tohu Va Vohu« (»Bewegung, dann Ruhe«) begleitet werden.

... für die alchemistischen Grundsätze, dass alles männliche und weibliche Prinzipien und zwei Pole hat – Gegensätze sind identisch.

... dafür, dass Materie aus Atomen und Molekülen besteht. Diese bewegen sich mit hoher Geschwindigkeit umeinander. Daraus ergeben sich verschiedene Wellenlängen, dichtere und feinere. Hinter allem wirkt die Leere.

Die Schnittmenge der Vesica Pisces sieht aus wie die Mandorla, die Heilige umgibt und die Wolke symbolisiert, auf der Christus zum Himmel aufgestiegen ist. Es ist der göttliche Freiraum. Wenn wir uns aus freiem Willen dem Höchsten zuwenden, können wir andere Dimensionen des Seins erfahren.

Die Aufgabe des zweiten Kreises ist »Ich werde, was ich werde« oder »Ich bin das ICH BIN«. Wir beginnen, in der Materie den Spiegel des Göttlichen zu sehen. Wie oben, so unten, wie im Himmel, so auf Erden. Wir entdecken die Vollkommenheit der Schöpfung. Gegensätze sind identisch. Die Kraft, die alles erschuf, hat keinen Namen. Sie ist Stille, Vollkommenheit, Einheit und sendet Frequenzen, die sich ständig verändern und entwickeln.

Gurus, Lehren und Führungen sind nicht mehr notwendig, wenn der Mensch den Einen in sich findet, wenn er entdeckt, wer er ist. Die »Vesica Pisces« ist das Zeichen, das uns zeigt, dass sich Gott in uns spiegelt. Es ist die erwachende »Kraft Gottes« in uns.

Viele Menschen pilgern zum Chalice Well in Glastonbury/England und finden in den ihn umgebenden Gärten Ruhe und Kraft. Über dem Brunnen, der wegen des durch Eisenoxide rötlich gefärbten Wassers auch »Blutquelle« genannt wird, befindet sich der berühmte Deckel mit der Vesica Pices.

Es ist wichtig, zu verstehen, dass wir in uns vollständig sind. Wir haben eine linke und eine rechte Seite. Wenn sich diese in uns in Liebe vereinen, können wir aus der Quelle in uns schöpfen und Neues erschaffen. Wir sind in uns eins, bestehend aus einer männlichen und einer weiblichen Seite, wissend und fühlend.

Dieses Zeichen gibt uns einen Hinweis darauf, dass wir in uns bereits vollständig und ganz sind. Wir können aus uns schöpfen, wir können aber auch in Begegnungen ganz neue Dinge über uns und die Welt der Schöpfung erfahren. Wenn zwei vollständige Kreise sich treffen, so gibt es eine Schnittmenge, in der Neues in beide Kreise eintreten kann. Dies gilt für alle Beziehungen. Wir finden einen neuen Weg der

Beziehung, erfüllend, frei, bereichernd, mit Achtung vor und Wertschätzung des Kreises des anderen.

Die »Vesica Pices« schenkt uns einen universellen Weg in der Begegnung, Verbindung und in der Partnerschaft mit anderen Menschen. Viele Partnerschaften zerbrechen heute, weil sich die Partner eingeengt fühlen und viel vom anderen erwarten, was sie selbst nicht zu geben bereit sind.

Wenn wir uns mit Achtung und Wertschätzung begegnen und uns bewusst werden, dass wir selbst und der jeweils andere schon »vollkommen und göttlich« sind, dann teilen wir eine Schnittmenge, die in der Überschneidung zweier vollständiger Kreise entsteht. Das ist es, was uns gemeinsam verbindet. Nicht mehr und nicht weniger. Jeder hat seinen Kreis und die Kreise, in denen er sich bewegt. Jeder hat Ursprungsfamilien, eigene Freunde, eigene Interessen. Diese können vollkommen unterschiedlich sein. Jeder hat seine Fähigkeiten, auch diese Talente müssen nicht übereinstimmen. Jeder hat seine Wege, und das ist gut so. In einer Partnerschaft erwarten wir oft die vollkommene Verschmelzung und teilen einen Kreis. Alles muss übereinstimmen, geteilt werden, offenbart sein. Das kann zu Auseinandersetzungen, Machtkämpfen und Enge in einer Beziehung führen. Diese Einheit muss zerbrechen, damit jeder wieder atmen und sich vollständig in sich fühlen kann.

Der neue Weg ist, dass wir den Kreis des anderen anerkennen, das Göttliche in ihm wertschätzen, das teilen, was wir miteinander teilen wollen, dass wir in unserer Mitte sind und bleiben und uns dessen bewusst sind, dass jeder seinen Kreis und seine Kreise hat, in denen er sich bewegt. Die Schnittmenge ist das, was wir teilen: die Partnerschaft, Kinder, Hobbys, Ziele, gemeinsame Interessen ... Die Inhalte der Schnittmenge sind von Partnerschaft zu Partnerschaft und von Freundschaft zu Freundschaft unterschiedlich. Beide Seiten müssen ausgewogen sein, damit dauerhaft ein friedlicher Weg möglich ist.

Wenn zwei Menschen sich verbinden, entsteht allmählich ein drittes unsichtbares Wesen. Dies ist der Geist, der diese beiden Menschen beseelt. Dieses Wesen beginnt ein Eigenleben zu führen und bringt etwas ganz Neues hervor. Es nennt sich Ehewesen, Freundschaftswesen, Geschäftswesen ... Wenn sich zwei Partner trennen, stirbt dieses Wesen, und das ist der Schmerz, den wir oft bei Trennungen empfinden.

Wird dieses unsichtbare Wesen genährt, so wird es in der Welt sichtbar. Es kann die Form eines Projektes, eines Kindes, einer neuen Schöpfung annehmen – und damit kommen wir zum dritten Kreis der Blume des Lebens.

Doch bevor wir zur Dreiheit übergehen, nehmen Sie sich Ihren ersten Kreis, den Sie mit Ihrem Zirkel gezogen haben. Markieren Sie einen Punkt auf der Kreislinie des ersten Kreises. Setzen Sie Ihren Zirkel auf diesen Punkt, und ziehen Sie einen zweiten Kreis.

Schaffe Lücken und Freiräume,
damit der Große Geist tanzen kann.

Übung 1: Drittes Auge – Sitz des Göttlichen in uns

Meditieren Sie über das Symbol der Vesica Pisces. Es ist ein tiefgründiges Symbol, das in uns das Einheitsbewusstsein erwecken kann. Schauen Sie sich das Symbol in der Blume des Lebens an. Es ist die Lücke – der Raum, durch den der große Geist, das ewig Eine tanzt. Das Symbol steht unter anderem für das Dritte Auge. Konzentrieren Sie sich auf den Sitz des Dritten Auges. Atmen Sie über den Scheitel (Kronenchakra) tief in Ihren Körper bis zum Steißbein (Wurzelchakra) ein, und atmen Sie über den Scheitel wieder aus. Wenn Sie diese Atmung ca. 5–10 Minuten praktizieren, fühlen Sie, wie Sie mehr und mehr in Ihre Mitte kommen. Verbinden Sie sich mit dem Einheitsbewusstsein in sich.

Übung 2: Einheitsbewusstsein erwecken

Alles hat zwei Pole oder Extreme. Sie wirken gegensätzlich, sind jedoch ein Teil desselben. Der Unterschied der zwei Pole beruht auf unterschiedlichen Schwingungen. Scheinbare Gegensätze gehören zum selben Spektrum, und der Unterschied ist in unendlich viele Grade aufgeteilt. Heiß und kalt, Liebe und Hass, Freude und Trauer, Wohlstand und Armut … dazwischen liegen viele unterschiedliche Einheiten. Wenn Sie sich in einen Pol »verrennen«, so betrachten Sie den Gegenpol, und bewegen Sie sich wieder Stück für Stück der Mitte entgegen.

Übung 3: Innerer Frieden

Stellen Sie sich einen Regler vor mit der Skala von 1 bis 100. Bei welcher Zahl sind Sie, wenn Sie an inneren Frieden denken? Schieben Sie den Regler innerlich so hoch wie möglich, und halten Sie ihn oben. Spüren Sie, wie die Schwingung sich erhöht und die Energie zu fließen beginnt. Dies können Sie in jeder Situation, in der Sie sich befinden, anwenden, um eine Situation zum Guten zu wandeln.

Übung 4: Gesunder Abstand in einer Beziehung

Wenn man sich zu sehr auf den anderen fixiert und sich selbst verliert, entsteht ein Ungleichgewicht. Hier eine kleine Übung, um in Beziehungen einen gesunden Weg zu gehen:

- Ziehen Sie auf dem Boden eine liegende Acht. Der eine Kreis ist für Sie, der andere für Ihren Partner oder die Person, von der Sie sich ein wenig lösen möchten.

- Stellen Sie sich in den einen Kreis, und stellen Sie in den anderen Kreis eine Kerze. Sie können dies auch tatsächlich mit der betreffenden Person machen, wenn sie dies möchte. Dann stellt sich die Person in den anderen Kreis.
- Stellen Sie sich vor, dass das Licht der Einheit, das über Ihnen leuchtet wie eine Sonne und Sie beide versorgt und durchdringt, Ihren Kreis und den Kreis Ihres Gegenübers erleuchtet. Sie sind beide versorgt und angeschlossen an die Quelle, und sie wirkt durch jeden von Ihnen.
- Lassen Sie nun alle unguten, einengenden Verbindungen zwischen Ihnen entstehen. Dies kann aussehen wie Bänder und Fesseln, Haken und Ösen ... Fühlen und schauen Sie, wo diese in Ihrem Energiekörper sitzen. Das Band der Liebe ist immer da. Es kann nicht gelöst werden, weil Liebe frei ist.
- Beginnen Sie nun, diese Bänder mithilfe eines Engels (z. B. Erzengel Michael) Stück für Stück aus Ihrem Energiekörper zu lösen, und geben Sie sie in Ihrer Vorstellung in die ewige Flamme, die diese Bänder vollkommen auflöst.
- Sie spüren, wie Sie mit jeder Lösung freier, friedvoller und aufrechter werden.
- Auch bei Ihrem Gegenüber löst die Geistige Welt die Bänder und gibt sie in das Feuer.
- Das Licht der Quelle flutet Ihren Energiekörper und heilt all die Wunden, die sich darin befinden. Auch Ihr Gegenüber wird aus der Quelle versorgt und geheilt.

- Sie erkennen das Geschenk, das in der Begegnung mit dem anderen entstanden ist. Betrachten Sie dieses Geschenk, das Sie beide sich in der Begegnung gemacht haben, mit Dankbarkeit und Liebe. Es ist ewig.
- Erkennen Sie Ihr Gegenüber an, und fühlen Sie seine Anerkennung Ihnen gegenüber. Sie sind beide frei und vollkommen und haben Ihren eigenen Schwingungsraum, Ihren eigenen Kreis.
- Bitten Sie nun den Engel, dass er die Acht in der Mitte durchtrennt, sodass sich zwei Kreise bilden, die beide von dem Einheitslicht der Quelle wie von Sonnenstrahlen durchflutet sind.
- Beobachten Sie, ohne einzugreifen, einfach, was passiert. Die zwei Kreise beginnen jetzt zu schwingen. Das Licht der Quelle führt sie. Schnell und frei schwingen sie, vielleicht weit entfernt voneinander oder wieder zusammen. Es entsteht der Abstand, der gesund, friedvoll und gut für Sie beide ist. Fühlen Sie einfach, wie gut es tut, den richtigen Abstand zu haben. Atmen Sie tief ein und lange wieder aus.
- Es ist getan, denn Sie sind Gottes Licht in Tätigkeit.

Liebe ist ein Kind der Freiheit, der Freude und des Glückes. Sie will atmen, tanzen und spielen.

Übung zur Polarität

Alle kinesiologischen Übungen, die die rechte mit der linken Gehirnhälfte verbinden und beide im Einklang schwingen lassen, sind gut.

Stellen Sie sich in der Mitte Ihres Kopfes eine wunderschöne Kugel vor. Sie befindet sich in der Mitte der Schnittmenge zweier Kreise. Sie beginnt nun, sich von links nach rechts und wieder zurückzubewegen. Sie fühlen, wie die Kugel gleichmäßig und harmonisch hin und her springt. Bewegen Sie sie nun mit ganz leichten Kopfbewegungen hin und her, und fühlen Sie, wie sich beide Seiten harmonisch miteinander verbinden. Bewegen Sie die Kugel dann von Ihrer Stirn langsam über den Scheitel bis zum Hinterkopf, und lassen Sie sie von dort langsam wieder zurückwandern. Machen Sie diese Übung sieben Minuten lang.

Der dritte Kreis – die Dreifaltigkeit

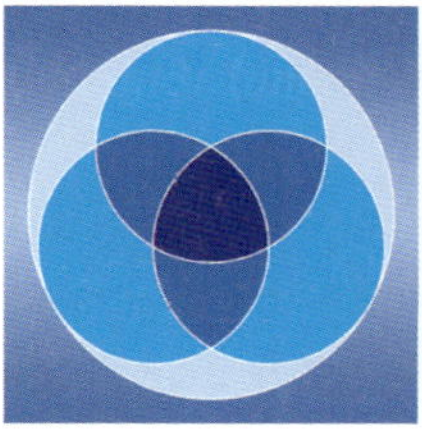

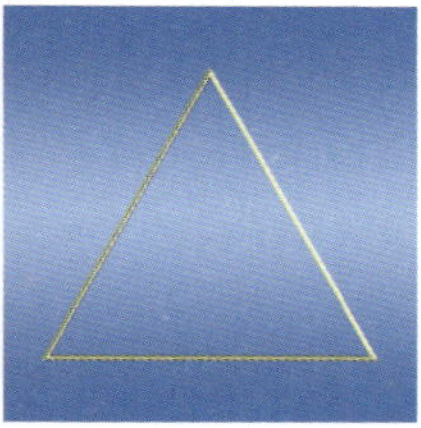

Dreifach ist die Göttlichkeit.
Die Zukunft kommt,
das Jetzt ist schnell vorbei,
die Vergangenheit steht ewig still.
Vergangen ist, was kommen will.
Unten, Mitte, oben – hier wird das Schicksal gewoben.
Das göttliche Dreieck, die Trinität –
Unterbewusstsein, Bewusstsein, Höheres Bewusstsein,
Geburt, Leben, Tod,
Gott-Vater, Sohn und Heiliger Geist,
Drei Grundfarben erzeugen das gesamte Farbspektrum …

Die Dreiheit hat in vielen Mythen, Legenden und Religionen eine tiefe Bedeutung. Sie ist die Vereinigung dreier Ebenen in einer. In dem Moment, in dem drei Dinge zueinanderfinden, passiert etwas ganz Besonderes: Die Öffentlichkeit wird einbezogen, und es entsteht etwas viel Größeres, ein »Kollektiv«. Dinge, die in der Zweiheit im Verborgenen geschehen, zeigen sich in der Dreiheit der Öffentlichkeit, sie manifestieren sich im Außen. Sinnbildlich könnte man sagen: »Das Kind wird geboren. Es erhält einen Namen.«

Aus den drei Kreisen entsteht das »Allsehende Auge«, das Auge, das alles wahrnimmt, was ist, was war und was sein wird – das, was wir erblicken, wenn wir unser Drittes Auge öffnen. Dieses Öffnen ist wichtig, um Gott erkennen zu können.

Die Zahl Drei hat eine große Bedeutung in allen Kulturen. Sie steht für das Fortbestehen des Lebens, die Wege des Schicksals und die Mysterien der Natur. Sie symbolisiert das Göttliche, die dreifaltige Natur in allen Dingen, wie z. B. die Muttergöttin, die Leben gibt, es wachsen und gedeihen und dann wieder vergehen lässt (Samen, Blüte, Frucht und wieder Samen). Sie steht dafür, dass alles mit allem verknüpft ist und alles in alles übergeht und dass diese Verbindung keinen Anfang und kein Ende hat. Im Hinduismus symbolisiert die Drei die Götterdreiheit und im Christentum Gott-Vater, Sohn und den Heiligen Geist. Weiter steht sie für Körper, Geist und Seele, Unterwelt, Erde und Himmel ... Das Dreieck ist das Symbol für die Dreifaltigkeit, die für Gott in Aktion steht – frei nach dem Motto, »Wenn du viele Knoten bindest, so bleibt die Schnur doch die eine.«

Übung: Das dreifaltige Selbst in uns

Wir haben ein Höheres Selbst, eine persönliche Kraft oder ein persönliches Bewusstsein (Mittleres Selbst) und das Unterbewusstsein (Unteres Selbst). Diese drei Bestandteile der Trinität in uns können entweder zusammen wirken oder sich behindern, weil sie verschiedenen »Programmen« folgen: Das Höhere Selbst kennt das Ziel, die persönliche Kraft entscheidet, welchen Weg wir wählen, und das Unterbewusstsein lenkt das Fahrzeug.

Wenden wir uns nun den drei Ebenen zu. Nehmen Sie sich etwas Zeit, um an sich selbst arbeiten zu können. Sprechen Sie:

- »Ich bekräftige, dass ich die Dreiheit in der Einheit bin.«
- »Ich bin das Höhere Selbst, das das Ziel kennt.«
- »Ich bin das Mittlere Selbst, das bewusst steuert und lenkt.«
- »Ich bin das Untere Selbst, das die Funktionen und Wege genau kennt und instinktiv die richtige Handlung ausführt.«

Sie können sich die drei Selbste in sich vorstellen, jedes einzelne segnen und anerkennen und sich zudem vorstellen, wie sie in Ihnen ein harmonisches Ganzes ergeben und das Beste, Höchste und Schönste aus Ihnen hervorbringen.

Affirmation: »Gott, meine persönliche Kraft und die Kraft meines Unterbewusstseins sind ein unschlagbares Team.«

Wenn wir in unserem Leben etwas manifestieren wollen, so ist es wichtig, dass wir mit diesen drei Ebenen in uns zusammenarbeiten und uns der Dreifaltigkeit in uns bewusst sind.

Das Gebet der Dreifaltigkeit

Bauen Sie zuerst Energie, Mana, Kraft über die Atmung auf, die Ihren ganzen Körper durchströmt und mit der Sie die drei Ebenen in sich vereinen können:

- Atmen Sie zum Kronenchakra ein und zum Wurzelchakra aus. Atmen Sie dann zum Wurzelchakra ein und zum Kronenchakra aus.
- Schreiben Sie Ihr Gebet in allen Einzelheiten auf. Sie können auch ein Bild malen, denn Bilder wirken auf der Seelenebene. Beziehen Sie Ihre gesamte Wahrnehmung mit ein. Schmecken, fühlen, riechen, sehen und hören Sie Ihr Gebet.
- Sprechen Sie Ihr Gebet dreimal laut aus, und richten Sie es an Gott, das Höhere Selbst.
- Nachdem Sie es dreimal mit ganzem Herzen gesprochen haben, schicken Sie es nach unten an Ihr Unterbe-

wusstsein; dieses gibt seinen Segen und sendet es an das Höhere Selbst.

- Sie fühlen, wie das Gebet aufsteigt, emporgehoben wird und über das Kronenchakra ins Universum gelangt, wo es Energie anzieht.
- Lassen Sie dann los.

Alle drei Ebenen in Ihnen arbeiten in perfekter Harmonie, mit Wertschätzung und Kraft zusammen. Danke. Ihr Höheres Selbst wird Ihnen in Ihrem täglichen Leben darauf antworten.

Übung

Schenken Sie Dingen in Ihrem Leben Beachtung, die sich Ihnen drei Mal auf verschiedene Weise zeigen. Es handelt sich um eine Fügung, die Ihnen etwas sagen will. Wenn Sie beispielsweise drei Mal einen Hinweis auf eine bestimmte Person oder einen bestimmten Ort erhalten – werden Sie aktiv, Sie werden eine Antwort finden.

Der vierte Kreis – Stabilität, Ordnung, Symmetrie

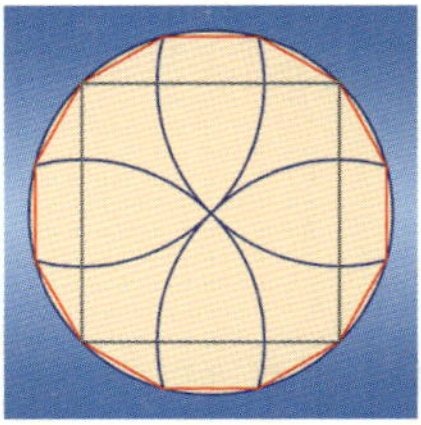

Die Drei hat sich vollendet.
Die Vier ist nun die Zahl der Erde.
Stabil, kraftvoll, in Form gebracht
ist das, was wir dreimal haben gedacht.
In der Vier nimmt die formlose Kraft
Struktur an und wird stabil.
Vier Säulen balancieren das Leben aus.

Während sich eine Manifestation auf die Drei vollzieht, ist sie auf die Vier gebettet und stabil. Alles irdische Leben besteht aus den vier Elementen Feuer, Wasser, Luft und Erde. Nach der alten Temperamentenlehre wurden die Menschen in vier Persönlichkeitstypen eingeteilt – je nachdem, welche der vier Körperflüssigkeiten (Blut/»Sanguis«, Schleim/»Phlegma«, Schwarze Gallenflüssigkeit/»Melas Cholé« und Gelbe Gallenflüssigkeit/»Cholé«) überwog, gab es sanguinische, phlegmatische, melancholische und cholerische Menschen. Die vier Basen der DNA sind Adenin, Guanin, Cytosin und Thymin. Es gibt die vier Himmelsrichtungen Osten, Süden, Westen und Norden. Matthäus, Markus, Lukas und Johannes sind die vier Evangelisten.

Während die Drei als Zahl Gottes gilt, wird die Vier als Zahl des Irdischen gesehen – und der Dreivierteltakt wird für vollkommen gehalten, weil er demnach himmlisch und irdisch zusammenbringt. Der Viervierteltakt hingegen gilt als unvollkommen. Vier ist die Zahl des Kreuzes und symbolisiert auch die Fesseln, die uns an die Materie binden. Im Buddhismus finden wir die Vier Edlen Wahrheiten und die Vier Unermesslichen. Viele Tempel haben vier Säulen, und der Eingang, der uns zum fünften Kreis der Blume des Lebens führt, liegt in der Mitte. Der vierte Advent kündigt den Abschluss eines Zeitraumes an.

Im vierten Kreis der Blume des Lebens geht es um die Selbstschulung. Wir beginnen uns selbst zu beobachten und eignen uns vielleicht neue Glaubenssätze an. Es braucht 4 x 7 Tage, 28 Tage, also einen Mondzyklus, bis sich das Alte abbaut und das Neue entfaltet. Erkennen Sie Ihre Manifestationen und den Prozess der Manifestation in Ihrem Leben.

Achte auf deine Gedanken, denn sie werden deine Worte; achte auf deine Worte, denn sie werden deine Taten; achte auf deine Taten, denn sie werden deine Gewohnheiten; achte auf deine Gewohnheiten, denn sie bilden deinen Charakter; achte auf deinen Charakter, denn er wird zu deinem Schicksal.

(Talmud)

Die vier Säulen können uns helfen, Dinge zu erschaffen. Sie stehen für:

- Luft – Gedanken – Planen
- Wasser – Emotionen – Abwägen
- Feuer – Energie – Umsetzen
- Erde – Manifestation – Erschaffen

- Seien Sie aufrichtig – sagen Sie das, was Sie meinen.
- Nehmen Sie nichts persönlich – sehen Sie es als einen Hinweis.
- Ziehen Sie keine übereilten Schlüsse.
- Geben Sie Ihr Bestmögliches.

Beginnen Sie, sich selbst zu beobachten.

- Was denken Sie?
- Was fühlen Sie?
- Was sagen Sie?

- Wie handeln Sie?
- Worauf richten Sie den ganzen Tag Ihre Aufmerksamkeit?
- Beginnen Sie, ein Tagebuch zu führen.
- Beginnen Sie nun, sich für den fünften Kreis der Blume des Lebens zu öffnen.

Der fünfte Kreis – Öffnung nach innen

Der fünfte Kreis entfaltet sich,
der Mensch erwacht in seinem Sein,
er kehrt heim – in den inneren Schrein.
Verbinde dich mit der göttlichen Kraft,
die in allen Dingen schafft.
Lerne, die Werkzeuge weise zu gebrauchen,
um zu wirken und zu wandeln
und alles im Leben im Licht auszuhandeln.

Die Fünf steht für die vier Elemente, die im Zentrum eines weiteren verschmelzen. Sie ist die Zahl des Menschen. Der Mensch hat an jeder Hand fünf Finger, an jedem Fuß fünf Zehen und fünf Sinne. Er hat fünf niedrige Körper: den physischen Körper, den emotionalen Körper, den energetischen Körper, den geistigen Körper und den spirituellen Körper. Die Instrumente, die er hat, kann der Mensch aber erst wirklich einsetzen, wenn er begreift, dass er aus sich heraus Kraft besitzt, dass die Schöpferkraft direkt in ihm wohnt.

Im fünften Kreis der Blume des Lebens geht es um die Wendung nach innen. Wir wenden uns der Kraft zu, die alles lenkt und leitet und die durch uns wirkt, bewusst und lernen, sie zu lenken und zu leiten, um unser Leben und das Leben all jener, die von unserem Kreis berührt und durchdrungen werden, lichtvoll und segensreich zu gestalten. Wir erlauben damit, dass sich alles nach göttlichem Plan entfalten kann. Die Fünf steht für das Über-sich-Hinauswachsen. Wir werden jetzt an den fünf Werkzeugen der Schöpfung arbeiten, uns ihrer Kraft bewusst werden und sie in Einklang bringen.

Übung 1: Feuer, Wasser, Erde, Luft und Äther im Menschen – das Ausbalancieren der fünf Elemente

Begeben Sie sich in einen Raum, in dem Sie ungestört sein können.

- **ERDE:** Betrachten Sie das Element Erde in sich. Konzentrieren Sie sich auf Ihre Knochen und Ihr Fleisch, Ihren irdischen Körper. Schließen Sie Ihre Augen, und bitten Sie darum, dass das Element Erde sich Ihnen zeigt. Betrachten Sie das innere Bild, und bringen Sie es ins Gleichgewicht.
- **WASSER:** Betrachten Sie das Element Wasser in sich. Konzentrieren Sie sich auf Ihre Körpersäfte – Blut, Schweiß, Schleim, Spucke, Ihren emotionalen Körper. Schließen Sie Ihre Augen, und bitten Sie darum, dass das Element Wasser sich Ihnen zeigt. Wie sieht es aus?

Ist es fließend, stehend, dunkel, verschmutzt, klar? Bringen Sie das innere Bild mithilfe der Geistigen Helfer ins Gleichgewicht. Legen Sie die Quellen frei, und bringen Sie Ihr Wasser zum Fließen.

- **FEUER:** Betrachten Sie das Element Feuer in sich. Konzentrieren Sie sich auf Ihre Energie, Körperwärme, Verdauung, auf Ihren energetischen Körper. Betrachten Sie die Bindungen und Fesseln. Schließen Sie Ihre Augen, und bitten Sie darum, dass das Element Feuer sich Ihnen zeigt. Betrachten Sie das innere Bild. Wie ist Ihr Feuer? Ist es hell lodernd, dunkel, vor sich hin brennend, glühend, übergreifend? Bringen Sie das Bild des Feuerelementes mithilfe der Geistigen Helfer in ein ausgewogenes Verhältnis. Vergeben hilft, die inneren Fesseln zu sprengen.
- **LUFT:** Betrachten Sie das Element Luft in sich. Wie ist Ihre Atmung? Wodurch strömt sie? Fühlen Sie die Hohlräume in Ihrem Körper und die Winde, die durch Ihren Körper wehen, Ihre Nase, Ihre Lunge, Ihren Mentalkörper. Schließen Sie Ihre Augen, und bitten Sie darum, dass das Element Luft sich Ihnen zeigt. Betrachten Sie das innere Bild. Lassen Sie alles, was Ihnen nicht mehr dient, hinwegwehen, nehmen Sie Ihre Atmung zu Hilfe. Fühlen Sie, wie Sie friedlich und ruhig werden.
- **ÄTHER:** Betrachten Sie das Element Äther in sich. Konzentrieren Sie sich auf Ihre Gesamtausstrahlung.

Wie viel Energie haben Sie jetzt auf einer Skala von 0 bis 10? 0 ist niedrig, 10 hoch. Atmen Sie nun Licht in die Chakren, und lassen Sie sie leuchten, funkeln und strahlen. Betrachten Sie nach der intensiven Aufladung noch einmal die Skala von 0 bis 10, und schauen Sie, ob sich Ihre Gesamtausstrahlung verbessert hat.

Übung 2: Wenn ich Schöpfer bin

- Begeben Sie sich in einen Raum, in dem Sie ungestört sein können.
- Machen Sie ein paar tiefe Atemzüge.
- Betrachten Sie Ihr Leben aus einer höheren Perspektive, aus der Perspektive eines Adlers.
- Fragen Sie sich: »Wenn ich Schöpfer meines Lebens bin, warum habe ich mir diese/jene Umstände erschaffen?«
- Was wollten Sie aus dieser Situation lernen?
- Wo sind Sie noch im Mangel statt in der Fülle der Liebe?
- Vergeben Sie sich selbst – SELBSTVERGEBUNG –, lieben Sie sich selbst – SELBSTLIEBE –, und erkennen Sie das Wirken Ihres SELBST an.
- Stimmen Sie sich auf die höheren Gefühle von Freude, Leichtigkeit und Glück ein, und lassen Sie sie jetzt in Ihrem Leben wirken.
- Wenn Sie voller Dankbarkeit begriffen haben, warum Sie sich diese Situation geschaffen haben, kann sie aus Ihrem Leben gehen und sich verändern.

Übung 3: Die Übereinstimmung der fünf Körper

Wir haben fünf Körper, die verschiedene Programme und Ausrichtungen haben und auf unsere Wünsche auf unterschiedliche Weisen reagieren, die uns oft nicht bewusst sind. Doch wenn diese Körper nicht in Einklang kommen, wird das Resultat so ausfallen, wie es in der Energie festgeschrieben ist. Bevor Sie beginnen, formulieren Sie Ihr Thema, z. B.: »Warum kann ich keine erfüllte Partnerschaft leben?«, »Warum gibt es bei meinen Geldangelegenheiten immer Schwierigkeiten?« oder »Was in mir verhindert eine berufliche Veränderung?«

- Begeben Sie sich in einen Raum, in dem Sie ungestört mit sich arbeiten können.
- Legen Sie sich ein Notizbuch oder ein Blatt und einen Stift zurecht.
- Schließen Sie Ihre Augen, und lassen Sie den Rat der Fünf in dem sicheren Raum Ihres Herzens zusammenkommen.
- Stellen Sie sich vor, Sie betreten den Heiligen Raum in Ihrem Inneren, und hier sitzen personifiziert die fünf Körper Ihres Seins an einem runden Tisch.
- Schildern Sie Ihr Thema dem Rat der Fünf, der aus dem physischen Körper, dem emotionalen Körper, dem energetischen Körper oder Unterbewusstsein, dem Mentalkörper und dem spirituellen Körper besteht.
- Hören Sie sich an, was alle Körper hintereinander zu dem Thema zu sagen haben, und notieren Sie sich dies.

- Finden Sie Ihre Glaubensmuster und Überzeugungen heraus, und formulieren Sie sie um, sodass sie heilen können.
- Schauen Sie, welcher Körper sich neue Erfahrungen wünscht und welcher an alten Überzeugungen und Glaubensmustern festhält und damit Ihren Wunsch blockiert.
- Finden Sie heraus, was die verschiedenen Ebenen in Ihnen brauchen, um Frieden, Heilung und Ruhe in Bezug auf dieses Thema zu finden, damit Sie in Ihrem Leben neue Erfahrungen machen können.
- Bilden Sie ein Team in sich, das an einem Strang zieht und so das gewünschte Resultat in Ihr Leben einlädt.

Jeder ist aufgerufen, an sich zu arbeiten und die Glaubenssätze, Erfahrungen der Vergangenheit, Überzeugungen und Blockaden in sich zu lösen, die Energie wieder in Bewegung zu bringen und damit neue Erfahrungen im Leben zu machen. Die Arbeit an Ihnen, mit Ihrem Selbst, wird Ihnen niemand und nichts abnehmen können. SELBSTverantwortung ist das Thema des fünften Kreises der Blume des Lebens.

Übung 4: Desidentifikationsübung

Sprechen Sie zu sich selbst, und fühlen Sie tief in sich:

1. »Ich habe einen Körper, aber ich bin nicht mein Körper.«

Mein Körper kann sich selbst in den unterschiedlichsten Zuständen der Krankheit oder Gesundheit befinden. Das hat jedoch nichts mit meinem wahren Selbst oder meinem wahren ICH zu tun.

2. »Ich habe Gewohnheiten, aber ich bin nicht meine Gewohnheiten.«
Mein gesamtes Verhalten stammt von meinen Gedanken und unbewussten Glaubenssätzen. Manchmal verhalte ich mich unangemessen. Doch egal wie ich mich verhalte, ich bin nicht mein Verhalten. Das hat nichts mit meinem wahren Selbst oder meinem wahren ICH zu tun.

3. »Ich habe Gefühle, aber ich bin nicht meine Gefühle.«
Meine Gefühle sind mal negativ und mal positiv. Sobald ich mehr zur Ursache, zum Schöpfer und Meister meines Lebens werde, wird sich das ändern. Sobald mich eine Welle von Gefühlen überflutet, weiß ich, dass ich nicht meine Gefühle bin. Meine wahre friedliche und liebende Natur verändert sich nicht. Sie ist immer da.

4. »Ich habe einen Verstand, doch bin ich nicht mein Verstand.«
Mein Verstand ist ein Werkzeug, mit dem ich meine Gefühle und mein Verhalten erschaffe, genauso wie er mir dabei hilft, das in meinem Leben anzuziehen, was ich mir wünsche. Mein Verstand ist ein kostbares Werkzeug, das ich mehr und mehr auf gute Weise für mich und andere verwende, doch er ist nicht das, was ICH BIN.

5. »Ich habe Überzeugungen, doch bin ich nicht meine Überzeugungen.«

Meine Glaubensvorstellungen und Muster habe ich aufgrund meines frühen Umfeldes angenommen. Sie gaben mir in meinem Leben bisher eine Richtung. Mein Glauben ist eine wertvolle Kraft, die ich schätze und ehre. Er arbeitet jetzt zum Wohle und Segen von allem. Er ist jedoch nicht das, was ICH BIN.

ICH BIN die Ursache all meiner Gesundheit, meines Körpers, meines Verhaltens, meiner Gefühle und Gedanken. Ich lerne mehr und mehr, meinen Körper, meine Gefühle, meine Emotionen, meine Gedanken und mein Verhalten aus mir selbst zu steuern. Ich denke Vollkommenheit:

- Ich bin und bleibe in meinem Fühlen friedlich, gütig, ruhig und liebevoll.
- Meine Augen sehen die Schönheit in mir und in allem um mich herum.
- Meine Hände segnen und heilen, sie drücken das Göttliche in mir aus.
- Meine Füße sind die Boten des Guten.
- Mein Körper ist stark, kraftvoll und gewillt, die Vollkommenheit und Liebe zum Ausdruck zu bringen, die ICH BIN.

Der sechste Kreis – Welle – Energiebewegung

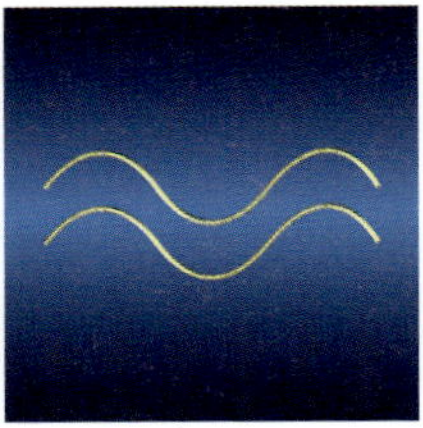

Energie ist Punkt und Welle, denn wir haben sechs Energiekreise und zwei Wellenbewegungen, die sich daraus ergeben. Sie können in eine Richtung fließen und viel Energie aufbauen, sie können aber auch gegenläufig sein und uns bremsen. Es geht jetzt darum, die Energie, die wir haben, die aus uns selbst heraus pulsiert, aufzubauen, zu lenken und zu leiten und neue Erfahrungen im Schöpfungsbereich zu machen.

Die sechs Kreise der Blume des Lebens ergeben Wellenbewegungen und Schwingungsimpulse. Die Energie in unserem Bewusstsein beginnt zu fließen. Die Welle steht für die Energiebewegung im Leben. Sie steht für die Harmonie und die Schönheit im Leben. Wir lernen, mit dem sechsten Kreis der Blume des Lebens die Energie zu lenken und zu leiten. Wir erwachen allmählich und erleben immer mehr Synchronisation im Leben. Wir beobachten das Innen und das Außen gleichermaßen. Wir begreifen, dass unsere Energie dem folgt, worauf wir unsere Aufmerksamkeit lenken. Lenken wir sie auf alles, was wir nicht haben wollen, so werden wir genau das erhalten. Lenken wir sie hingegen auf unsere Ziele und Wünsche, so wird uns das Leben Situationen und Umstände schenken, in denen wir Wunder erleben und Erfüllung erfahren. Die innere Energiewelle und die äußere Energiewelle fließen in dieselbe Richtung. Es ist jetzt gut, wenn wir unser Leben gestalten und die Energie bewusst in die von uns gewünschte Richtung fließen lassen. Wir werden zum Lenker der Lebensenergie, die in uns pulsiert. Die Energiebewegung beginnt und ermöglicht uns größeren Frieden, Freude an uns selbst, Freiheit, Spaß und Selbsterkenntnis.

Übung 1: Energie lenken und leiten – Energiebewegung

Die Energie folgt der Aufmerksamkeit. Wenn Sie keine Ziele haben und nicht wissen, was Sie möchten, werden Sie von der Energie geleitet, die gerade auf Sie einwirkt. Ab diesem Punkt gilt es, sich klarzumachen, welche Wünsche und Ziele Sie in Ihrem Leben haben.

- Nehmen Sie ein weißes Blatt Papier und einen Stift.
- Wenn Sie nun auf das weiße Blatt schauen, wohin fließt Ihre Energie?
- Malen Sie dann einen dicken Punkt auf das Blatt. Wohin fließt Ihre Energie jetzt? Unsere Ziele und Wünsche sind wie der Punkt auf dem Blatt. Sie fokussieren und bündeln unsere Energie und geben ihr eine Richtung.
- Schreiben Sie in den nächsten 10 Tagen 100 Ziele und

Wünsche auf – was Sie erleben, erfahren und erreichen möchten.

- Basteln Sie sich eine Zielcollage. Malen Sie, kleben Sie Dinge auf, gestalten Sie sie bunt und fröhlich. Stellen Sie sich währenddessen vor, wie Sie sich fühlen werden, wie Sie sich erleben, wenn Sie dieses oder jenes Ziel erreicht haben.

Übung 2: Die Energiebewegung

Meditieren Sie darüber, dass der Wandel das einzig Beständige ist. Energie verändert sich von Situation zu Situation, von Pol zu Pol, von Muster zu Muster, und doch ist der Strom der Energie ewig. Wir können diese Energiebewegung dazu nutzen, Blockaden in unserem Leben zu lösen und Muster zu verändern. Krank machende Lebensumstände, Verspannungen und sonstige Hindernisse gibt es nur, weil die ewig fließende Energie aus dem Zentrum allen Seins eingeschlossen, zum Stillstand gekommen oder blockiert ist. Sie kann feststecken und gespeichert sein in Traumata, Gedankenmustern, Bildern, Emotionen ... Blockierte Energie erzeugt Verspannungen und Schmerzen aller Art. Es geht darum, die Energie wieder zum Fließen zu bringen, indem wir uns nach dem Höchsten ausrichten. Wir können die universelle Lebensenergie in die problematischen Bereiche unseres Lebens senden und durch leichte Bewegungen wieder zum Fließen bringen. Dazu gehört, dass wir uns die Bilder, Emotionen und Blockaden betrachten und sie auf allen Ebenen auflösen.

- Begeben Sie sich in einen Raum, in dem Sie ungestört sein können. Machen Sie ein paar tiefe Atemzüge. Mit dem Einatmen nehmen Sie alle Qualitäten auf, die Sie brauchen, wie Liebe, Hoffnung, Freude und Kraft, und mit dem Ausatmen erlauben Sie, dass die Energie sich in Ihrem Feld ausbreitet und Sie mehr und mehr an Licht und Kraft gewinnen.
- Richten Sie nun die Aufmerksamkeit auf Entspannung. Entspannen Sie jede Region Ihres Körpers, indem Sie Ihre Aufmerksamkeit darauf richten.
- Nehmen Sie nun alle unangenehmen Gefühle, Bilder, Emotionen und Schmerzen wahr. Beobachten Sie sie einfach.
- Senden Sie nun das weiße Licht hin, das immer da ist. Schaukeln Sie den Bereich etwas hin und her. Stellen Sie sich vor, wie das weiße Licht in diesen Bereich eindringt und ihn öffnet, damit die Energie wieder fließen kann.
- Fühlen Sie, wie sich die Energie bei den kleinen Bewegungen Stück für Stück lockert und wieder in Fluss kommt. Sie können diese Energie auch in den Kanal einer Beziehung schicken, um diese wieder zum Fließen zu bringen, oder in die Arbeit, in Ihr Zuhause oder in einen anderen Bereich, der wieder in Fluss kommen soll.

- Mit jeder kleinen Bewegung beginnt die Energie, sich ihren Weg zu bahnen. Vielleicht nimmt sie irgendeine Farbe an oder ein Element, das nötig ist, damit Sie wieder in den Energiefluss kommen.
- Atmen Sie kraftvoll, aber doch sanft und tief, und mit jedem Atemzug bringen Sie Lebensenergie, Prana, in diesen Bereich.
- Tauchen Bilder auf, dann beginnen Sie, diese langsam zu verändern und auf positive Weise zu wandeln und licht- und kraftvoll werden zu lassen.
- Hören Sie mit der Übung dann auf, wenn die Energie wieder rein, klar und strahlend fließt.
- Sie können Ihre Engel und Geistigen Helfer bitten, Ihnen zu helfen.
- Wissen Sie: »ICH BIN Gottes Licht in Tätigkeit.«

Gebet: *»Große Göttliche Gegenwart, ich danke dir für all die Segnungen und Geschenke, die in mein Leben fließen. Ich danke für die Harmonie in der Begegnung mit allen Lebewesen, die in meinen Lebensstrom geführt werden.«*

Meditieren Sie über den Lebensstrom, der Sie sind.

Der siebte Kreis – Einweihung

Die erste Blume, der erste Kreis ist geschlossen. Dies ist der zentrale Punkt in der Blume des Lebens. Bewegung und Rotation setzen immer an den zentralen Punkten ein und entfalten ihre Wirkung in allen nachfolgenden Schöpfungen. Ab diesem Punkt können neue Schöpfungen entstehen.

Diese sieben Kreise werden auch »Ei des Lebens« genannt. In der zweidimensionalen Darstellung sind es sieben Kugeln, in der dreidimensionalen Darstellung acht. Die achte Kugel liegt hinter der zentralen Kugel. Das »Ei des Lebens« enthält die Symphonie der Schöpfung, die Harmonie der Musik. Aus ihm kann sich die ganze Kraft auf harmonische, vollkommene Weise entfalten. Der erste Wirbel ist vollendet. Diese sieben Kreise stehen für Segen, Schutz und Fruchtbarkeit sowie die Kraft unseres Selbst, das aus dem Kern im Inneren erstrahlt und eine eigene Bewegung kommt. Wir beginnen unser Sein zu entfalten. Genießen Sie den Zustand der Ganzheit und Harmonie und die Bewegung, die durch Ihr Sein einsetzt.

Übung

Schließen Sie Ihre Augen. Schauen Sie, ob sich durch die einzelnen Kreise und Übungen der erste Teil der Blume des Lebens in Ihnen verinnerlicht hat. Vielleicht spüren Sie, dass dieses Symbol jetzt mehr ein Teil von Ihnen ist.

Übung: Das Torusfeld aufbauen

Ein Torusfeld ist ein geometrisches Gebilde, das wie ein dicker Schwimmreifen aussieht. Es ist das Feld, das sich aufbaut, wenn plus und minus in harmonischer Schwingung zueinanderfinden. Dieses Feld haben wir um die Erde, aber auch unser persönliches Energiefeld bildet ein solches Biofeld aus, das dann mit größeren Feldern harmonieren kann. Es stärkt den Energiefluss und die Harmonie in uns.

- Stellen Sie sich aufrecht hin.
- Falten Sie die Hände in der Gebetshaltung vor dem Herzen.
- Fühlen Sie in Ihr Herz. Ist es geöffnet oder geschlossen?
- Öffnen Sie nun eine Herzenstür, indem Sie eine Hand weit nach hinten strecken.
- Atmen Sie Licht über die Handfläche in den Herzensraum. (Atmen Sie drei- bis viermal tief ein und aus, und stellen Sie sich dabei vor, wie das Licht über die Handflächen in den Herzensraum strömt.)

- Schließen Sie diese Tür, indem Sie die Hände wieder auf das Herz legen. Vergleichen Sie die beiden Seiten.
- Wiederholen Sie diese Schritte auf der anderen Seite.
- Legen Sie dann die Handflächen wieder aneinander.
- Fahren Sie an der Mittellinie Ihres Körpers, so weit es möglich ist, nach oben.
- Öffnen Sie die Hände, und ziehen Sie einen Kreis um den Körper.
- Bringen Sie die Hände unten wieder zusammen.
- Fahren Sie an der Körpermitte nach oben.
- Drehen Sie die Hände am Herzen, und führen Sie sie weiter nach oben.
- Machen Sie die Übung fünf Mal in die eine und dann fünf Mal in die andere Richtung. Sie können Ihre Atmung mit den Bewegungen in Einklang bringen.
- Genießen Sie die Übung, und fühlen Sie, wie sich das Energiefeld mehr und mehr aufbaut.

Ab dem 8. Kreis beginnt ein neuer Zyklus, das nächste Stadium in der Blume des Lebens, die nächste Dimension der Entfaltung, der nächste Ring der Kraft. Wir können jetzt die Frucht des Lebens aufbauen, indem wir mit dem Zirkel an die Berührungspunkte der bisherigen Kreise wiederum Kreise zeichnen. Wenn Sie alle Kreise gezeichnet haben, können Sie bestimmte Kreise ausradieren, damit die Schablone zum Samen des Lebens freigegeben wird.

Aus der Frucht des Lebens entsteht alles – alles, was wir fühlen, uns vorstellen, sehen, schmecken oder riechen können; alles, was wir mit unseren Sinnen erfahren, ist in der Frucht des Lebens enthalten. Sie ist das Muster der Fülle, enthält komplexe Informationen und gilt als weibliches Schöpfertor. Es gibt in einem endlichen Raum auf allen Ebenen unendlich viele Möglichkeiten, wie Fülle sich ausdrücken kann. Wir sollten uns dieser Fülle bewusst werden.

Aus der Blume des Lebens bildet sich die Frucht des Lebens in zweidimensionaler Darstellung aus 13 Kreisen. Die 13 ist die Zahl der Einweihung, und das 13. Prinzip ist das Prinzip des Opfers. Neue Formen und Verbindungen können entstehen. Zwischen dem 12. und dem 13. Prinzip verbirgt sich die Verbindung aus männlich und weiblich, Tag und Nacht, Sonne und Mond. Die Einheit teilte sich in zwölf Teile, damit wir die zwölf Aspekte kennen- und meistern lernen. Wenn die Aspekte in uns zusammengefügt und aktiviert wurden, beginnt die Entwicklung in höhere Dimensionen. Es bildet sich der vollkommene Mensch. Die 13 steht für den Anfang einer neuen holistischen ganzheitlichen Wirklichkeit.

Wenn wir die Kreise der Frucht des Lebens durch Linien verbinden, erhalten wir Metatrons Würfel. In Metatrons Würfel sind die Merkaba, die fünf platonischen Körper und viele andere geometrische Figuren enthalten. Sie geben uns Aufschluss darüber, wie wir unseren Lichtkörper entfalten, in Einklang mit der Schöpfung kommen und in höhere Dimensionen aufsteigen können. Experimentieren Sie mit Zirkel und Lineal, und erfahren Sie die Kraft der Blume des Lebens selbst.

Metatrons Würfel

Der Schlüssel zur Schöpfung – innere Balance und Ausgewogenheit in allen Dingen

Balance und Schöpferkraft durch männliche
und weibliche Energie
Erschaffen von neuen Kräften
Verbinden von Himmel und Erde und den fünf Elementen
Erwachen des Lichtkörpers
Heilen alter karmischer Verbindungen
Lesen in der Akashachronik
Erwecken, Erwachen
Ausgewogenheit der Kräfte

Schöpferbewusstsein
Klarheit
Erkenntnis
Heilung auf verschiedenen Ebenen des Seins
Toröffnung
Licht und Liebe
Bewusstsein
Herzensintelligenz
Harmonie, All-eins-Sein, Balance und Ausgewogenheit
ICH BIN

Metatron ist der Hüter der vollkommenen Formen, die in allem enthalten sind. Indem wir uns an die Vollkommenheit in allem erinnern, kann sie in uns erwachen. Metatrons Würfel ist in der Blume des Lebens enthalten und entsteht aus ihr. Metatrons Würfel enthält die Grundformeln der Schöpfung und ist eine Wissenschaft für sich.

Besonderheiten der Blume des Lebens

Die Blume des Lebens enthält die Urmuster des Lebens. Die Besonderheiten des gesamten Feldes der Blume des Lebens sind:

- Alles ist in ihr enthalten und im Gleichklang.
- Sie ist unfehlbar und ewig.
- Unregelmäßigkeiten gibt es nicht.
- Sie offenbart und entfaltet sich Stück für Stück und erschafft Universen.
- Alles ist mit allem verbunden und beeinflusst sich gegenseitig, und deswegen kann von jeder x-beliebigen Stelle mit der Sprache der Schöpfung begonnen werden.
- Sie enthält alle hermetischen Prinzipien und kosmischen Gesetzmäßigkeiten.
- Sie enthält die gesamten Schöpfungsformeln und ist die Geheimsprache der Mystiker.
- Geometrie ist der Grundbaustein der Schöpfung.

- Es ist ein Geist, der alles durchdringt, sich in allem widerspiegelt und sich in alle möglichen Richtungen ausdehnt.
- Gott hat sich nicht von uns abgewandt – wir sind es, die ihn wieder erkennen sollen.

Wie kann ich die Blume des Lebens anwenden?

Die Blume des Lebens ist vielfältig. Sie entfaltet ihre Kraft in vielen Bereichen des Lebens und ist auf allen Ebenen anwendbar. Bei Versuchen und Messungen mit Bioresonanzgeräten hat sich herausgestellt, dass das Symbol der Blume des Lebens eine deutliche Energieanhebung und positive Veränderung bei negativen Energieeinflüssen jeglicher Art bewirken kann. Mit der Blume des Lebens als Amulett lässt sich Elektrosmog neutralisieren. Unter anderem wurde auch ihre Wirkung beim Energetisieren von Wasser untersucht. Das Wasser zeigte in den meisten Fällen eine deutliche Verbesserung. Die Blume des Lebens als Mandala ist ein Kreis mit einem Zentrum, aus dem sich alles andere entfaltet. Sie strahlt eine besondere Energie und eine Ästhetik aus, die beruhigt, harmonisiert und erfreut.

Wenn wir in unserem Zentrum stehen, kann sich alles andere aus der Mitte heraus entfalten. Die Blume des Lebens erinnert uns daran, dass wir bereits perfekt und vollkommen sind und dass durch uns keine geringere Kraft wirkt als diejenige, die die Planeten und Galaxien durchdringt. Sie hilft uns, uns auf die Kraft in unserem Inneren zu besinnen und uns die vielfältigen Möglichkeiten, die wir haben, wieder ins Gedächtnis zu rufen. Licht strahlt in jeder Zelle jedes Lebewesens. Das Licht ist die höchste spirituelle Energie, und wenn wir uns mit der Lichtkraft der Sonne in uns verbinden, gewinnen wir an Vertrauen und Stärke, die aus unserem Selbst, aus unserem Sein kommen. Wir begegnen der Unzerstörbarkeit im Zentrum allen Seins.

Die Blume des Lebens kann auf vielfältige Weise angewendet werden:

1. als Mandala
2. als Energiesymbol, zur Energetisierung
3. als energetisches Hilfsmittel
4. als Schutzzeichen
5. zur Raumreinigung
6. zur Chakraharmonisierung
7. zur Verjüngung
8. im Traum
9. bei der Heiligen Geometrie als Erklärungsmodell für die Schöpfung

1. Die Blume des Lebens als Mandala

Die Blume des Lebens kann als Mandala jeden Raum harmonisieren und in einem neuen Licht erstrahlen lassen. Sie können sie an die Wand hängen und jeden Tag mit ihr meditieren, sodass sie ihre vielen Geheimnisse nach und nach offenbart. Das Atom ist die Grundsubstanz aller Dinge. Es ist nicht starr, es lebt, bewegt sich, schwingt und rotiert.

Dies ermöglicht ein ewiges Fließen der Lebensenergie. Alles schwingt und ist ständig in Bewegung, von der unsichtbaren Luft bis zu den massiven Felsen, die sich nicht zu bewegen scheinen und doch dicht schwingendes Licht sind. Mit der Blume des Lebens verankern Sie ein Symbol mit einem universellen Schwingungsmuster, das sich auf die feinstoffliche Energie auswirkt und ihr eine Richtung gibt.

2. Die Blume des Lebens als Energiesymbol und zur Energetisierung

Wenn wir die Blume als Lebensmuster anwenden, entsteht Lebensenergie. Wir können sie z. B. zur Energetisierung von Wasser verwenden. Wenn hellsichtige Menschen die Blume des Lebens z. B. als Unterlage verwenden, nehmen sie die Entstehung einer Lichtsäule wahr, und diese Lichtsäule lädt Wasser, Lebensmittel u. v. a. mit Lebensenergie auf. Das Wasser verändert dann nachweislich seine Qualität und ist länger frisch und lichtvoll. Wenn wir die Blume in jeder Ecke eines Raumes platzieren, bauen sich Lichtsäulen auf, die einen Raum energetisch erhöhen und reinigen. Man schafft eine Lichtsäule, die wie ein Aufzug in die nächste Dimension ist, denn dieser Lichtkanal lädt höhere feinstoffliche Kräfte wie Engel und Meister ein. Da sie immer unseren freien Willen respektieren, ist es auch hier notwendig, sie einzuladen, den Raum zu betreten und mit uns zu wirken. Der Lichtkanal der Blume des Lebens hilft uns dabei, Plätze und Räume zu reinigen.

3. Die Blume des Lebens als energetisches Hilfsmittel

Als energetisches Hilfsmittel kann uns die Blume des Lebens helfen, bei Krankheiten schneller gesund zu werden oder etwas in uns – egal auf welcher Ebene, ob physisch, emotional, energetisch oder geistig – zu heilen. Wir können sie zum Beispiel auf schmerzhafte Körperstellen aufmalen oder aufmalen lassen (malen Sie dabei auf die zu heilende Stelle den ersten Kreis auf, dann nach und nach alle anderen Kreise, deren Mittelpunkte sich immer aus den Schnittpunkten der vorhergehenden Kreises ergeben – es muss nicht perfekt aussehen, das Ei des Lebens wird seine Wirkung tun). Diese Methode kann auch bei Tieren oder in der Erdheilung angewendet werden. Die Zellen des Körpers erinnern sich an das vollkommene Schwingungsmuster, sie bekommen eine Richtung, an der sie sich orientieren. Ein Aufstempeln ist auch möglich, um die Erinnerung an die Vollkommenheit in allem zu erwecken.

4. Die Blume des Lebens als Schutzzeichen

Die Blume des Lebens ist ein hervorragendes Schutzzeichen. Am Körper als Amulett getragen hält es negative Schwingungen ab. Es hilft uns, mehr in unserer Mitte zu bleiben, und erhöht unser Energieniveau. Am Computer oder Arbeitsplatz kann es Elektrosmog und Strahlung zum Teil neutralisieren. Wenn wir es an Fenstern befestigen, strömt feinstofflich gesehen nur die Energie herein, die uns stärkt. Malen wir sie auf den Boden, kann sie uns an den Kreis in der Mitte erinnern und alle Kreise harmonisieren, mit denen wir verbunden sind. Wir können in unserer Vorstellung das Licht, das täglich in uns hereinströmt, zur Harmonisierung in alle Kreise strömen lassen, mit denen wir sichtbar und verborgen verbunden sind.

5. Die Blume des Lebens zur Raumreinigung

Wenn wir einen Raum reinigen wollen, können wir die Blume des Lebens auf verschiedene Weisen anwenden.

Einen Raum energetisch reinigen:

Wenn ein Platz in der Natur oder ein Raum energetisch verschmutzt ist oder von Wesenheiten bevölkert wird, die bereit sind, in eine weitere Dimension zu gehen, ist die Blume des Lebens ein wunderbares Werkzeug. Aus meiner schamanischen Arbeit weiß ich, wie hilfreich die Blume des Lebens sein kann, wenn wir es zum Beispiel mit Seelen zu tun haben, die in dieser Ebene festsitzen und nicht ins Licht gehen können. Dies geschieht, wenn Menschen beispielsweise in starken Emotionen festhängen, die sie nicht loslassen können, unerwartet sterben oder nicht wissen, dass sie gestorben sind ... Es gibt viele Möglichkeiten. Wenn man nun in Kontakt mit einer oder mehreren solcher Seelen kommt, sie mit Liebe berührt, ihnen zuhört, mit ihnen kommuniziert und sie dadurch bereit werden, die nächste Ebene zu betreten, baut sich eine Säule aus Licht auf. An dieser Säule steigen Engelwesen hinauf- und hernieder, um den Seelen zu helfen, in die lichtvollen erlösten Dimensionen überzuwechseln.

Diese Lichtsäule können wir sehr schnell aufbauen, indem wir eine große Blume des Lebens auf den Boden legen. Die Engelwesen strömen dann hernieder, um den Seelen die Hand zu reichen und sie in die nächste Dimension zu begleiten. Der heilsame Vorgang wird intensiviert und beschleunigt. Bei den Seelen, die in diesen Schwingungsraum hinüberwechseln, beginnt augenblicklich der Heilungsprozess. Es ist eine sehr schöne und tiefe Arbeit, wenn man erleben darf, wie Seelen friedlich von der einen in die andere Dimension überwechseln können. Der Raum, den sie verlassen, fühlt sich danach hell, weit, strahlend, frei, friedlich und lichtvoll an.

Eine weitere Variante der Raumreinigung:
Durch die Meditation mit der Blume des Lebens können wir zu Ruhe, Harmonie, Frieden, Selbsterkenntnis und kosmischer Ordnung finden. Ihr Mittelpunkt symbolisiert das ewige Licht, die ewige Essenz, den Funken Gottes, der in allem ist. Das Visualisieren der Blume des Lebens, die durch den Raum schwingt und kreist, harmonisiert, reinigt und klärt die Atmosphäre.

Übung

1. Entspannen Sie sich, indem Sie die Hand auf Ihren Bauch legen und die Aufmerksamkeit auf Ihren Atem lenken. Lassen Sie diesen sanft ein- und ausströmen, und bemerken Sie, wie Sie beginnen, loszulassen, zu entspannen und ganz zu sich, zu Ihrer eigenen Essenz zurückzukehren. Spüren Sie, wie die Energie ganz von selbst tiefer in Ihren Bauchraum hereinfließt.
2. Spüren Sie, wie die Anspannung, in der Sie sich eben noch befanden, abfällt und Sie ganz zu sich selbst kommen. Bleiben Sie während der folgenden Vorstellung ruhig, zuversichtlich und entspannt.
3. Lassen Sie nun vor Ihren Augen die Blume des Lebens entstehen.
4. Falls Ihnen dies schwerfällt, betrachten Sie ein Symbol der Blume des Lebens fünf Minuten lang, und schließen Sie dann die Augen.
5. Beginnen Sie nun, die Blume des Lebens durch den Raum rotieren zu lassen. Vielleicht erscheint sie am Anfang in dunklen Farben und disharmonischen Mustern.
6. Lassen Sie die Blume weiter durch den Raum rotieren.
7. Stellen Sie sich vor, wie alle disharmonischen Frequenzen von Licht im Zentrum aufgelöst werden.
8. Halten Sie diese Vorstellung so lange, bis harmonische Muster entstehen und die Blume des Lebens immer heller, klarer, ruhiger und strahlender wird.

9. Wissen Sie, es ist getan: »ICH BIN Gottes Licht in Tätigkeit.«

Zusätzlich zur Visualisierung der Blume des Lebens können Klänge die Raumreinigung enorm unterstützen. Es kann ein einzelner Ton sein, z. B. das Om oder der einer Klangschale.

6. Die Blume des Lebens zur Chakrenreinigung

Die Blume des Lebens kann auch in unserem System zur Chakren- und Energiereinigung sowie zur Verjüngung verwendet werden.

Zur Chakrenreinigung kann man sich ein Symbol der Blume des Lebens nacheinander auf die einzelnen Chakren legen.

1. Begeben Sie sich in einen Raum, in dem Sie ungestört sind.
2. Achten Sie darauf, dass die Temperatur und die Atmosphäre im Raum angenehm sind.
3. Sie können um sich herum einen goldenen Tempel aus Licht errichten und die Engel bitten, Sie bei dieser Arbeit zu unterstützen (sagen Sie dreimal »In diesem Raum errichtet sich ein Tempel aus goldenem Licht, funkelnd, strahlend, leuchtend, hell«, und stellen Sie sich dabei so intensiv wie möglich vor, wie sich dieser Tempel errichtet. Bitten Sie dann mit der Kraft Ihres Herzens und mit eigenen Worten Ihre Engel und Helfer herbei).

4. Legen Sie sich dann hin.
5. Platzieren Sie die Blume des Lebens auf Ihrem Wurzelchakra, und atmen Sie dort hinein. Konzentrieren Sie sich auf Ihr Wurzelchakra, und schauen Sie, wie viel Energie dort auf einer Skala von 0 bis 10 ist.
6. Stellen Sie sich vor, wie die Blume des Lebens im Wurzelchakra rotiert, alle Schwere und Dunkelheit aufgelöst werden, alles in vollkommene Harmonie kommt und rotgolden zu strahlen beginnt. Wenn die Blume des Lebens in Ihrer Vorstellung ganz ruhig wird, ist es getan.
7. Schauen Sie nun auf die Skala. Hat sich etwas verändert? (In der Regel ist die Energie wesentlich höher.)
8. Legen Sie die Blume des Lebens auf Ihr Sakralchakra. Verfahren Sie genauso wie beim Wurzelchakra.
9. Gehen Sie alle Chakren nach oben durch – Solarplexus-, Herz-, Hals-, Stirn- und Kronenchakra.
10. Lassen Sie die Blume des Lebens abschließend durch Ihr gesamtes Energiesystem wirbeln, bis es leuchtet und strahlt.
11. Wissen Sie: »ICH BIN Gottes Licht in Tätigkeit.«

7. Die Blume des Lebens zur Verjüngung (Meditation)

- Stellen Sie, bevor Sie beginnen, sicher, dass Sie für einige Zeit ungestört sind.
- Betrachten Sie die Blume des Lebens.
- Schließen Sie immer mal wieder die Augen, und versuchen Sie, sich die Blume vorzustellen.

- Sie können eine Blume des Lebens auf den Boden legen.
- Vielleicht fühlen Sie, wie sich ein Lichtkanal aufbaut, oder Sie nehmen wahr, wie sich die Energie erhöht.
- Treten Sie nun in das weiß-goldene Licht, und lassen Sie die Blume des Lebens von Ihren Füßen bis zu Ihrem Scheitel langsam durch den ganzen Körper schwingen und kreisen.
- Nehmen Sie wahr, wie alle dunklen Flecken und Energieblockaden sich zuerst lockern und mit der Zeit auflösen.
- Lassen Sie die Blume des Lebens hoch und runter kreisen.
- Mit jedem Mal wird Ihre Energie klarer, lichtvoller und freier.
- Jedes Atom beginnt nun wieder in seiner ursprünglichen Reinheit und Klarheit zu schwingen.
- Durch die Blume des Lebens wird unser Energiekörper an die Vollkommenheit, die er ursprünglich hatte, erinnert und kann sich in dieser Vollkommenheit wieder aufbauen.
- Lassen Sie die Blume des Lebens so lange durch Ihren Energiekörper kreisen und schwingen, bis Sie sich rein, klar und strahlend wahrnehmen.
- Sie können nun die Übung erweitern, indem Sie sich vorstellen, dass Sie in dem Lichtstrahl zwischen Himmel und Erde stehen.
- Dies stärkt die Verbindung mit Vater – Mutter – Schöpferkraft.

- Bitte trinken Sie nach dieser Übung klares Wasser.
- Da diese Übung tiefenreinigend ist, kann es sein, das sich einige Symptome zunächst verstärken, bevor sie ganz aus Ihrem Körper gehen.

8. Die Blume des Lebens im Kontakt mit den lichtvollen Dimensionen

Für Durchgaben der Meister und Engelwesen ist die Blume des Lebens ein hilfreiches Werkzeug, weil sie einen Lichtkanal zwischen den Dimensionen bildet. Wenn wir Durchgaben aus der geistigen Welt schriftlich oder mündlich übermitteln wollen, ist es gut, wenn wir die Blume des Lebens neben uns legen. Dann warten wir, bis sich der Lichtkanal aufbaut, und schauen, welches Wesen der höheren Dimensionen mit uns in Kontakt tritt. Da die Blume des Lebens ein Zeichen der Meister und Engel ist, sollten wir ihnen auch in der Meditation die Einweihung der Blume überlassen. Sie werden uns, wenn die Zeit reif ist, in das alte Wissen einweihen und uns vielleicht etwas aufzeigen, was wir noch in keinem Buch nachlesen können.

9. Die Blume des Lebens im Traum

Wir können nachts mit der Blume des Lebens arbeiten, indem wir sie unter dem Bett platzieren. Die mögliche Wirkung möchte ich mit einem persönlichen Erfahrungsbericht erläutern.

Marlenes Erlebnis:
Marlene merkte, dass sie krank wurde. Ihre Glieder schmerzten, die Körpertemperatur erhöhte sich, und es fühlte sich an, als ob ein grippaler Infekt sich ihrer bemächtigen wollte. Sie entschloss sich, die Blume des Lebens anzuwenden. Sie hatte eine Blume des Lebens aus Bronze und eine aus Kupfer. Bronze steht für die Sonnenkraft und Kupfer für die Liebeskraft. Sie entschied sich für die bronzefarbene Blume des Lebens. Sie platzierte sie unter ihrem Bett und bat am Abend ihre Heilengel und ihre Geistige Führung um Heilung. In der ersten Nacht geschah nichts, außer dass sie etwas tiefer und ruhiger schlafen konnte.

In der zweiten Nacht träumte sie: In ihrem Zimmer baute sich ein riesiger Lichtstrahl auf. Ein lichtvolles Wesen kam auf sie zu und bat sie, sich in dieses Licht zu stellen. Sie wurde langsam und sanft aus ihrem Körper gezogen. Ihr Energiekörper, der sich sehr schwach und angeschlagen anfühlte und an manchen Stellen dunkle Flecken und Knoten aufwies, bewegte sich in diesen Lichtstrahl, der von der Blume des Lebens unter ihrem Bett ausging. Sie trat in den Lichtstrahl, und die Blume des Lebens begann, sich in einer leicht schwingenden und kreisenden Bewegung wie ein Sieb durch Marlenes Energiekörper zu bewegen. Die dunklen Flecken, Knoten und alles, was nicht vom Licht war, blieben darin hängen. Die Blume des Lebens kreiste in der Lichtsäule so lange durch den Energiekörper auf und nieder, bis dieser sich strahlend, frei fließend und gereinigt anfühlte. Dann bewegte er sich von der Lichtsäule wieder in den Körper hinein. Marlene schlief anschließend tief und fest, und als sie morgens aufwachte, waren wie durch ein Wunder alle Beschwerden verschwunden.

10. Die Blume des Lebens bei der Heiligen Geometrie als Erklärungsmodell für die Schöpfung

Wenn wir einmal angefangen haben, mit der Heiligen Geometrie zu arbeiten, dann zieht sie uns in ihren Bann. Die Blume des Lebens ist das Urmuster der Schöpfung, die Matrix, aus der alles entsteht. Mit Kreisen (weiblich) und Linien (männlich) können wir jede beliebige Form entdecken. So befinden sich in ihr die Kabbala, der Baum des Lebens, der Aufbau des Menschen, der Bauplan der Schöpfung und vieles mehr. Es lohnt sich, die Blume des Lebens mit dem Zirkel Kreis für Kreis zu zeichnen und darüber zu meditieren, Linien miteinander zu verbinden und das Wunder der Schöpfung selbst zu entdecken. Wir erkennen das ursprüngliche Schöpfungsmuster in allem Leben wieder.

Neben den vielen Spielarten der Schöpfung, welche die Blume des Lebens in sich birgt, ist für mich aus schamanischer Sicht die Erkenntnis der Paralleluniversen interessant, die ich durch die Blume des Lebens gewonnen habe.

In den Hallen von Amenti, im Innersten der Erde, gibt es den Raum der Blume des Lebens. Dort ist die Blume des Lebens dreidimensional als riesige Kugel mit vielen anderen Kugeln verankert. Wenn wir in sie hineingezogen werden und die vielen Kugeln erleben, die sich überschneiden und ineinander schwingen, ergeben sich für uns noch einmal ganz neue Erkenntnisse und Sichtweisen.

Nachwort

Unser Leben ist festgeschrieben, allerdings in unendlich vielen Variationen.

Jeder Mensch weist ein bestimmtes Grundmuster auf, das aus der Verbindung verschiedener Kreise resultiert. Nicht immer tun uns diese Muster gut. Wenn wir in unserem persönlichen Kreis dieses Muster lösen, bleibt die Wirkung für eine Weile erhalten – wir fühlen uns befreit und klar.

Durch das Zusammenstoßen unseres Kreises mit anderen Lebenskugeln und Lebenskreisen gelangt das alte Muster jedoch wieder in unser Feld und beginnt von Neuem zu wirken.

Wir lösen uns also von dem Muster, das aber in unserem Feld auf unendlich viele Weisen festgeschrieben ist. Wir haben stets das Gefühl, dass sich nur wenig geändert hat.

Einen Quantensprung können wir nur dann machen, wenn wir das Muster, das auf unendlich vielen parallelen Ebenen festgeschrieben ist, löschen. Dies kann auf verschiedene Weisen geschehen, z. B. verlassen wir das gewohnte Feld für längere Zeit. Wir machen eine Reise. Wenn wir zurückkehren, haben wir vielleicht andere Erfahrungen gespeichert, und die alten Kreise können uns nicht mehr auf dieselbe Weise beeinflussen wie vorher. Eine Umstrukturierung findet statt, die uns ganz neue Erfahrungen ermöglicht. Manchmal ist es wichtig, Menschen, Orte und Umfelder zu verlassen, sich eine Zeit lang ganz auf sich selbst zu besinnen, um sich neu erfahren zu können und ganz neue Dinge zu erleben.

Bei meiner geistigen Heilarbeit lerne ich gerade, auf die Kreise und Kugeln, das gesamte Feld, das sich mir als dreidimensionale Blume des Lebens darstellt, zu achten. Dies beschert mir neue Erkenntnisse, die zu einer ganzheitlichen und nachhaltigen Heilung auf allen Ebenen und in allen parallelen Universen beitragen können.

Ich hoffe, dass Ihnen dieses Büchlein Anregungen dazu gegeben hat, selbst mit der Blume des Lebens, dem Schöpfungsmuster allen Seins, zu arbeiten, dass Sie dabei neue Erfahrungen machen und ganz neue Erkenntnisse gewinnen werden.

Möge sich die Blume des Lebens und damit auch der Schöpfungsplan so, wie er gedacht ist, in Ihrem Leben entfalten. Ich wünsche Ihnen viel Segen auf all Ihren Wegen.

Jeanne Ruland

Jeanne Ruland

Merkaba

Die Aktivierung des Lichtkörpers für die Neue Zeit

ISBN 978-3-8434-5013-3

Die Merkaba ist ein Urmuster, eine kristalline Lichtstruktur, die in jedem Organismus zu finden ist. Sie bietet unbegrenzte Möglichkeiten. In diesem Büchlein führt Jeanne Ruland Sie mithilfe ihrer eigenen Erfahrungen in die praktische Arbeit mit der Merkaba ein. Sie erläutert, wie diese Lichtstruktur aussieht, wie das Merkabafeld aufgebaut wird, wie Sie die Merkaba programmieren – und sie stellt Ihnen die vollständige Merkabameditation zur Verfügung. Bei ihren Erklärungen verzichtet die Autorin bewusst auf physikalische Begriffe, weil sie Ihnen einen leichten Weg zeigen möchte, Ihr volles Potenzial zu entfalten, Ihr Licht leuchten zu lassen und die ewige Kraft zu erfahren und zu leben. Entscheiden Sie mit, wie Ihre Realität sich gestaltet!